区域经济治理及发展研究

肖卓霖 ◎ 著

吉林出版集团股份有限公司
全国百佳图书出版单位

图书在版编目（CIP）数据

区域经济治理及发展研究 / 肖卓霖著. -- 长春 : 吉林出版集团股份有限公司, 2022.9

ISBN 978-7-5731-2343-5

Ⅰ. ①区… Ⅱ. ①肖… Ⅲ. ①区域经济－经济管理－研究－中国②区域经济发展－研究－中国 Ⅳ. ①F127

中国版本图书馆CIP数据核字(2022)第182470号

QUYU JINGJI ZHILI JI FAZHAN YANJIU

区域经济治理及发展研究

著　　者　肖卓霖
责任编辑　田　璐
装帧设计　朱秋丽
出　　版　吉林出版集团股份有限公司
发　　行　吉林出版集团青少年书刊发行有限公司
地　　址　吉林省长春市福祉大路 5788 号
电　　话　0431-81629808
传　　真　0431-85629812
印　　刷　北京银祥印刷有限公司
版　　次　2022 年 9 月第 1 版
印　　次　2022 年 9 月第 1 次印刷
开　　本　787 mm × 1092 mm　1/16
印　　张　10
字　　数　194千字
书　　号　ISBN 978-7-5731-2343-5
定　　价　65.00元

前　言

自中华人民共和国成立以来，区域经济发展经历了改革开放前的均衡发展，以及改革开放后的非均衡发展和协调发展三个阶段。近年来，中国在探索区域协调发展方面取得了积极成效，形成了以“一带一路”建设、京津冀协同发展、长江经济带发展、粤港澳大湾区建设等重大战略为引领，以西部、东北、中部、东部四大板块为基础的区域发展格局。与此同时，区域发展不平衡不充分，即区域分化仍是困扰当前经济社会发展的突出问题之一。新时期，对区域协调发展已经成形、可以制度化的理论和实践，要毫不含糊地坚持和巩固，即守正；根据新形势与新任务、新目标与新要求、新需求，要与时俱进地进行完善与发展，即创新。

区域协调发展的最终目标就是通过解决区域发展中的不平衡不充分问题，增进各区域人民福祉，满足各区域人民日益增长的美好生活需要，促进人的全面发展。党的十九届四中全会指出，必须健全国家基本公共服务制度体系，尽力而为，量力而行，注重加强普惠性、基础性、兜底性民生建设，保障群众基本生活，使改革发展成果更多更公平地惠及全体人民。

具体而言，有以下几个方面：一是区域发展要与促进就业产生感应，健全更充分更高质量的就业促进机制；二是区域发展要与办好教育产生感应，构建服务全民终身学习的教育体系；三是区域发展要与完善全民社保体系产生感应，建立有利于健全统筹城乡、可持续的基本养老保险制度、基本医疗保险制度，稳步提高保障水平；四是区域发展要与提高人民的健康水平产生感应，让广大人民群众享有公平可及、系统连续的健康服务；五是区域发展要与完善城乡公共文化服务体系产生感应，健全人民文化权益保障制度；六是区域发展要与人民安居乐业、社会安定有序产生感应，完善共建共治共享的社会治理制度；七是区域发展要与生态文明建设产生感应，践行绿水青山就是金山银山的理念，促进人与自然和谐共生；八是区域发展要巩固脱贫攻坚成果，防止返贫，推进乡村全面振兴。此外，共享既是区域发展的理念，又是要求、任务和目标。新时期，区域协调发展要高度重视区域发展的公平性，不仅要考虑提升区域整体的经济社会质量，更要注重提升人民群众的获得感、幸福感、安全感，让各区域的人民群众共享发展成果。

目　录

第一章　区域经济概述

第一节　区域经济的内涵

在世界经济一体化过程中，区域经济的崛起与发展将更趋向特色化，也将形成具有区域特色经济的核心竞争力。从实际情况来看，我国不同的区域与经济板块都有自身的特色，但也存在不平衡、不协调的问题。例如，珠江三角洲即现在的大湾区、东部沿海地区的区域经济发展较快，但是中部地区区域经济发展却存在诸多问题，所以，应该加大对区域经济的研究力度，实现区域经济发展的创新创造。2021 年 7 月 22 日发布的《中共中央　国务院关于新时代推动中部地区高质量发展的指导意见》，强调要找准定位，发挥优势，加快建设现代化基础设施体系和现代流通体系，把创新作为引领发展的第一动力，以科技创新引领产业发展，形成内陆高水平开放新体制，为区域改革发展提供了指引。

一、区域经济概述

区域经济又称为地区经济，指的是分布于各个行政区域中的国民经济。从某种程度上来说，区域经济是国民经济的缩影，是劳动地域分工的结果，具有综合性与区域性等特点。在长期的社会经济活动中，在历史、政治、经济、宗教文化和民俗等因素的影响下，部分在经济方面联系频繁的居民区逐渐形成了特色经济区。目前，我国区域经济发展的五大特点主要包括全国经济版图呈现五个梯队、中西部地区的 GDP 增速明显高于东部地区、各省市的经济增速普遍下滑、中西部地区的固定资产投资快于东部地区、中西部地区的固定资产投资对 GDP 增长的贡献率高于东部地区。

二、区域经济发展中的困境

（一）基于乡村振兴战略的脱贫攻坚成果巩固问题

党的十九届五中全会审议通过的《中共中央关于制定国民经济和社会发展第十四个

五年规划和二〇三五年远景目标的建议》，在“优先发展农业农村，全面推进乡村振兴”部分中提出，要“实现巩固拓展脱贫攻坚成果同乡村振兴有效衔接”，并就如何巩固拓展脱贫攻坚成果和实现二者的有效衔接，从帮扶机制、财政投入、健全农村社会保障和救助制度、增强内生发展能力等方面提出了具体要求。我国脱贫攻坚战取得了全面胜利，现行标准下9899万农村贫困人口全部脱贫，832个贫困县全部摘帽，12.8万个贫困村全部出列，区域性整体贫困得到解决。然而，未来如何巩固和拓展脱贫攻坚成果成为关键问题，同时怎么与乡村振兴战略全面衔接，防止脱贫人口再次返贫、出现规模性返贫问题，也是区域经济发展的难点之一。

（二）工业发展相对滞后

部分区域的第二产业增加值占国内生产总值的比重比全国平均水平低很多，部分地区尤其是中部地区与沿海地区的第二产业比重偏低，这些区域的工业发展较为滞后。

（三）城镇化水平相对较低

城镇化水平与GDP之间存在正相关关系，然而部分地区的城镇化水平相对较低，主要表现在城市发展的速度缓慢、城市整体规模偏小以及城市密度偏低等方面，这些指标基本上都低于全国平均水平。

（四）民营经济和中小微企业发展较为缓慢

改革开放以来，集体经济、外商投资企业、私营经济以及股份制企业的发展速度较快，但是部分区域在多种因素的影响下，非国有经济的发展较为缓慢，尤其是中部地区，非国有经济在整个经济中的比重远低于全国平均水平。同时，在城镇从业人员中，非国有经济人员的比重也非常低。

（五）区域创新乏力

一直以来，很多地区观念创新、制度创新、技术创新以及管理创新等体系不健全，观念落后，思维保守，政府各部门各自为政，导致区域经济发展失去了区域特色，比较优势不突出，创新积极性、关联度不高，无法形成合力，更无法构建次级增长中心，导致区域内部出现了恶性竞争。

（六）规划编制具有一定的难度

“十四五”规划中制定了2035年远景目标，当前我国经济发展正处于一个大的转折期，面对世界百年未有之大变局，在区域发展的规划及政策编制上出现了一定难度，未来发展充满不确定性和不稳定性。

三、区域经济发展的新思维

（一）区域经济发展创新创造应围绕如何实现后发优势

后发优势指的就是与其他地区相比，在市场需求、产业结构、人力资源开发等各个方面的差异，这些差异决定了地区发展的潜力与收益空间。每个地区都有自身的优势与特色，如中部地区的资源组合与空间匹配条件相对较好，产业体系较为完整、生态条件较好、市场潜力较大、人力资源较为丰富、交通便捷、教育基础较好。所以，区域经济发展需要解决的核心问题就是如何深挖潜力。

（二）区域经济发展创新创造需实现战略思维创新

在信息技术不断发展的过程中，区域协同不断加强，区位优势在不断减弱，很多地区都会遇到很多发展机遇，即西部大开发、东部产业结构升级、知识经济的发展等，所以，在发展区域经济时需要明确自身在区域格局中所处的位置，结合自身定位及资源优势，积极把握机遇，主动出击。

（三）区域经济发展创新创造须选择合适的经济发展模式

在发展区域经济时，常用的理论模式有四种，即跳跃式发展模式、为东部经济服务发展模式、梯度发展模式以及以东部发达地区为目标的赶超发展模式。地区应该根据实际情况选择合适的发展模式，如中部地区可以选择跳跃式发展模式。

（四）区域经济发展须解决的关键问题

在加快构建新发展格局进程中，对于市场主体中的中小微企业来说，需要从创新出发，营造创新环境，构建创新平台，引进高素质科技型人才，夯实区域经济创新发展的基础。

四、区域经济发展的策略

（一）切实做好巩固拓展脱贫攻坚成果与乡村振兴有效衔接

国务院在 2021 年的《政府工作报告》中提出，全面实施乡村振兴战略，促进农业稳定发展和农民增收；接续推进脱贫地区发展，抓好农业生产，改善农村生产生活条件。做好巩固拓展脱贫攻坚成果同乡村振兴有效衔接，主要可以依托两个方面：一是依托中国之治，更好地发挥政府作用，坚持“四个不摘”，加强市场对脱贫的引领，坚持精准扶贫制度刚性和综合减贫制度韧性，坚决防止规模性返贫；二是加大扶持力度，突出城乡融合形成市场规模优势，以此带动产业发展，强化小额信贷直达农户，以金融工具巩固产业脱贫成果，帮助乡村产业振兴。

（二）提高区域创新能力

实现区域经济的跨越式发展，需要提高区域创新能力，健全区域创新体系，完善以政府、企业、高校等各个方面为主的创新系统，通过观念创新、制度创新、政策创新、组织创新、管理创新、市场创新将区域经济变得更加强大。在进行观念创新时，要用科学思想武装头脑；在制度创新中，要加快现代企业制度建设与市场体系建设；在技术创新中，要实现产业化。区域需要大力发展工业，提高对高新技术产业的重视程度，走新型工业化道路，提高工业化水平。此外，区域需要充分发挥比较优势，培育自身的特色经济，突出经济发展的亮点。实现产业链的创新资源引进，要发挥企业创新的主体作用，鼓励社会资本参与创新研发新技术。

（三）加强城市群建设

城市化是工业化的推进器，以核心城市为龙头实现相互合作是促进区域经济发展的关键动力，也是实现区域经济一体化、提高区域竞争力的关键手段。若城市化滞后且中心城市缺乏辐射力，将会影响区域经济的发展。为此，需要加强城市群建设。这就需要加强农村发展非农产业与城市化进程的结合，也需要加强城市在工业化中的主导作用，形成城市圈。

（四）创新发展民营经济

近年来，民营经济不断发展，成为公有制经济的补充，任何地区都离不开民间投资的支持，且民营经济的发展水平在一定程度上影响着区域经济的发展水平。所以，若想实现区域经济的创新创造，就应大力发展民营经济，制定鼓励民营经济的政策文件，根据公平竞争的原则放宽民营经济的领域，让民营经济逐渐参与到教育、卫生、公共基础设施等领域中。首先，需要健全市场体制，完善市场体系，充分发挥市场在资源配置中的作用；其次，需要创造良好的市场环境，通过贷款贴息等方式缓解小企业融资难的问题；最后，需要鼓励民营经济并购国有企业，促进民营经济的成长。

（五）加大政策支持力度

仅靠市场机制无法调节区域经济差距，市场失灵会导致区域经济失衡，若想解决好这些问题就应该加强政府干预。从实际情况来看，一个区域的经济发展不仅依靠自身的增长能力，也依靠政策扶持，东三省与西部地区的崛起展现出了政策扶持在区域经济发展中的作用。为此，应该加大政策扶持力度，针对各个地区的具体状况进行政策倾斜。当前，针对东西部地区的支持政策较多，但是针对中部地区的支持政策相对较少，所以应当使财政政策向中部地区倾斜、使税收优惠政策向中部地区倾斜，并加大对农村地区的政策扶持力度。

（六）完善基础设施建设

加强基础设施建设，增强地区经济发展的后劲可以促进区域经济发展，所以，需要完善交通、河流以及生活基础设施建设，完善与各地区的交通，改善区域经济发展的基础条件。首先，需要加大公路、航空的建设力度，改善交通条件；其次，需要促进航空事业的发展；最后，需要加大农田水利设施建设，保障农民利益。除此之外，应围绕区域经济发展的未来布局，强调新基建的超前规划，做好产业发展与基础建设相辅相成。

在进行区域经济发展创新创造时，需要解决“三农”、工业发展落后、城市化水平低、非公有制经济发展缓慢等问题，并明确区域经济发展的新思维，坚持以科技创新为核心的全面创新，大力发展农业、工业，提高区域创新能力、加快城市群建设，实现区域经济发展的创新，提高区域经济发展质量。

第二节　中国区域经济学

社会科学的兴盛取决于一个国家的兴盛。改革开放以来，区域经济学在中国取得了长足发展，其学科地位特别是社会地位获得了巨大提升。就社会影响而论，区域经济学无疑进入了“显学”阵营。中国多层次多类型、丰富多彩的区域经济发展为区域经济学提供了世界其他国家不可比拟的舞台，区域经济学者幸运地成为这个舞台上站在中央的舞者。当前，中国经济发展正在发生阶段性的转变，即由改革开放以来的高速增长转向高质量发展，构建以国内大循环为主体、国内国际双循环相互促进的新发展格局，向着社会主义现代化国家的目标迈进。区域经济学在中国的发展也必将进入一个新的发展阶段。如何发展中国的区域经济学是中国在新发展阶段给区域经济学者提出的学科发展之问。笔者拟就这个问题谈以下两方面的思考。

一、中国区域经济发展的特点与建立中国区域经济学的必要性

中国区域经济学是以中国区域经济发展实践为事实和经验根据，在现有区域经济学的基础上，建构学科体系和理论体系，并服务于中国区域经济发展的区域经济学。中国区域经济学这个命题是否成立，取决于我们对中国区域经济发展是否存在区别于发达国家、新兴市场经济国家和其他发展中国家的特点的认识。如果将中国区域经济发展理解为国外区域经济发展的翻版，那么，既没有建立中国区域经济学的事实和经验基础，也没有另搞一套的必要。反之，如果承认中国区域经济发展与国外区域经济发展存在明显

的区别，那么，建立中国区域经济学就是有根有据且有必要的。毫无疑问，笔者是持后一种认识的。

那么，中国区域经济发展究竟有何特点呢？笔者认为，中国区域经济发展主要有以下几个特点。

第一，政府是中国区域经济发展的重要主体。具体表现在：政府是区域经济利益的代表，具有维护和增大区域经济利益的内在动力，担负着推动区域经济发展的职能；政府运用所掌握的经济资源及企业直接参与区域经济发展；政府为区域的经济体制改革、对外开放、创新、结构调整等提供体制机制和政策支持；政府运用区域发展战略和区域规划等的编制权，通过实施区域发展战略和区域规划而深刻地影响区域经济的发展；政府还是区际经济关系的主要建构者和协调者。

第二，中国区域经济发展具有显著的组织性。换言之，中国区域经济发展是有组织且目标导向明确的经济活动。政府广泛、深入地参与区域经济发展，在其中发挥组织者和主导者的作用。一方面，各级各类区域基本上都是以加快经济发展、提高竞争力为目标的，以年度、三年或五年，或者更长的时间，根据所确定的发展战略及各类规划制订工作计划，把区域内的企业、个体及其他经济组织动员起来，为实现既定目标而集体行动。另一方面，中央政府为了实现国家的经济社会发展目标，引导各级各类区域加快发展，协调区域之间的发展关系，形成时间和空间有序的区域经济发展格局。

第三，中国区域经济发展的权益是相对独立的。各级各类区域都有自身的经济权益，都会想方设法地增大和维护自身的经济权益。但是，与企业、个体的经济权益完全不同，区域经济权益并非绝对独立的。这主要表现为在一定时期、一定程度上，区域的经济权益要服从全国经济社会发展的需要。

第四，中国区域经济发展竞争是非完全的竞争。在市场经济条件下，区域之间的经济关系本质上是竞争关系。但是，上述第三个特点决定了中国区域之间的经济关系是非完全竞争的关系。亦即，区域之间存在经济发展上的竞争，这是常态。不过，在一定时期、在某些领域，区域之间会在国家或者上级政府的安排下开展分工合作，服从于全国或者上级区域经济发展的整体需要。

第五，中国区域经济发展常常以行政区为区域单位。这个特点在很大程度上是由第一个特点决定的。因为，地方政府参与区域经济发展只能以其管辖的行政区为界。在中国的经济和行政管理制度下，无论是国家还是地方的区域发展战略、区域发展规划及各种经济政策都需要各级地方来组织实施，这就不可避免地形成了以行政区为区域经济发展单位的模式。笔者认为，这种被称为“行政区经济”的经济组织模式有其不合理之处，但也有其存在的必然性。这里我们暂不讨论“行政区经济”的是与非，仅需要说明其是一种客观存在，是中国区域经济发展的一个鲜明特点。

上述五个特点足以表明中国区域经济发展的特殊性或者特色。它们共同决定了中国区域经济发展既有符合世界区域经济发展一般规律的一面，也有其特殊的一面，而后者也蕴藏着中国区域经济发展成功的秘密。因此，笔者认为，中国区域经济发展不是发达国家、新兴市场经济国家或其他发展中国家的翻版，而是有其独特性。建立中国区域经济学，无论从发现新现象、揭示新规律的学术研究及学科发展需要来看，还是从服务于中国未来区域经济发展来看，都是必要的和可行的。

二、基于中国区域经济发展事实的区域经济理论创新

从20世纪90年代中期开始，30年来的中国区域经济发展局面之活跃、规模之浩大、过程之复杂、成效之显著，是世界经济发展史上前所未有的。其中，不乏新实践、新经验和新问题。这为中国区域经济学的理论建构、创新提供了丰富的史料，为修正和发展已有的区域经济理论提供了可能。笔者认为，基于中国区域经济的发展事实，可以从以下方面进行理论建构和创新。

（一）区域双重性质理论

一直以来，区域经济学认为区域是经济空间。然而，根据对区域性质的这种认识，我们是不能对区域经济利益、区域经济竞争、区域经济协调发展等做出合理解释的。因为，经济空间是经济活动的场所，其本身没有经济权益，更没有经济行为能力，无法产生主动的经济行为。对于这个认识问题，区域经济学长期以来缺乏反思。笔者认为，从上述中国区域经济发展的特点来看，区域是一种经济组织，这是区域性质的另一面。据此，就不难对区域经济利益、区域经济竞争、区域经济协调发展等现象做出合理的解释。

可见，区域具有双重性质。一个是经济空间，另一个是经济组织。认识区域是一种经济组织，对于中国区域经济学的发展具有重要的理论意义。这不仅更新了区域经济学仅将区域作为经济空间的认识，还为从经济组织角度发展已有相关理论、建构新的理论等提供了新视野和新路径。

（二）区域经济竞争理论

区域经济竞争是中国区域经济发展的普遍现象。学术界对此多有批评，部分学者甚至持否定的态度。笔者认为，虽然区域经济竞争有其消极的一面，但不能因此而否认其积极作用。正是区域经济竞争使得中国区域经济发展充满活力，形成了你追我赶的发展局面。因此，有必要以中国丰富的区域经济竞争事实建构区域经济竞争理论，对其产生的必然性、合理性、方式及其变化，以及效果等做出科学的阐释。

（三）区域经济发展模式理论

中国区域经济发展既有对发达国家、新兴市场经济国家经验的借鉴，也摸索和积累了大量的成功发展经验，如珠江模式、苏南模式、温州模式等已为人所熟知。但是远不止这些。我们可以在不同层次、不同类型的区域中发现许多尚未被进行理论解释和理论建构的成功例子，可以对其进行研究，提炼出新的区域经济发展模式。而且，在不同的发展阶段、不同的发展领域，还存在旧模式失效或者演进、新模式形成等现象。这也为区域经济发展模式的理论创新提供了可能。

（四）区域经济协调发展理论

区域经济协调发展是中国特色的区域经济新实践。从 20 世纪 90 年代中期开始，促进区域经济协调发展成为中国指导经济发展的一条方针。从此，中国开始持续推动区域经济协调发展。党的十九大报告中把区域协调发展战略作为七大战略之一，使区域经济协调发展上升到全局战略高度。经过近 30 年的实践，在全国、大经济区域或战略区域、省（区、市）、城市群等多种层次上，区域经济协调发展的实践经验已经十分丰富。这为研究和建构区域经济协调发展理论提供了很好的条件。

（五）区域经济管理理论

无论在全国层面还是在地方层面，区域经济管理都是普遍存在的，而且是重要的。中国的区域经济管理是政府的一项重要职能。从管理领域来看，主要包括区域发展战略、经济区划、主体功能区划、区域规划或空间规划、区域产业发展规划、区域资源开发利用规划、城市群规划、城市规划、乡村规划，以及各类开发区规划等的编制和实施、区域经济管理体制的改革和创新、区域政策的制定和实施等。其中，有许多中国的新实践和独创经验。可见，在区域经济管理方面，既有必要也完全可以建构起一套具有中国特色的理论，包括对区域经济发展中政府与市场关系的新认识。

（六）区域经济发展动力理论

从改革开放之初到现在，中国区域经济发展经历了复杂的发展动力转型过程。在宏观层面，有经济体制转轨与中国特色社会主义市场经济体制的建立、改革与开放的互动及其时间上的变化等；在中观层面，有引进外资的变化、技术引进与创新、要素禀赋的变化及改造、产业结构调整和升级等；在微观层面，有企业构成、产业组织、要素流动与配置等。对于各类区域而言，这三个层次的动力因素既各自发挥作用又相互交织，并不是单因素作用那么简单。对中国区域经济发展动力的研究，需要重点揭示各种层次发展动力之间的关系、区域之间经济发展动力的差异性、发展阶段变化与动力转换等。

（七）区域经济对外开放理论

从设立经济特区，到布局对外开放城市、对外开放地区、沿江对外开放城市、沿边对外开放城市，再到自由贸易试验区及自由贸易港建设等，中国经济发展走过了一个渐进式多层次推进的区域经济开放过程。当前，中国推动“一带一路”建设，形成了全方位的对外开放格局，构建新发展格局，使区域经济发展更加紧密地与国际经济发展连接起来。毫无疑问，对外开放在区域经济发展中发挥了十分重要的作用，是塑造全国区域经济格局的重要力量。然而，关于区域经济对外开放的研究还缺乏创新性的理论建构。笔者认为，这是中国区域经济学理论创新的一个重要领域。

（八）经济开发区与改革试验区理论

设立各种类型的多层次的经济开发区、改革试验区，是中国促进区域经济发展的重要空间组织方式。在类型上，其包括经济技术开发区、高新技术产业开发区、特色产业园区、专业镇、经济合作区、特别合作区，以及功能不一的各类发展示范区、新区等。在层次上，有国家级、省级、市级等。这些经济开发区、改革试验区的建设，既有成功的经验，也有失败的教训。更重要的是，其包含了体制机制、规划建设方式、运行模式等方面的改革和创新。中国经济开发区建设借鉴了国外经验，同时也有中国特色的探索和创造。以此为事实根据，构建经济开发区、改革试验区理论是完全有条件的。

（九）基础设施与区域经济发展理论

规划建设以交通、信息、能源为主的基础设施，并使之形成覆盖全国的网络，改变区域经济发展条件，是中国推动区域经济发展的成功经验。中国的基础设施建设具有速度快、现代化、网络化、超大规模、国土全覆盖等特点，因而其对区域经济发展所产生的复杂影响是既有理论不能有效解释的。已有的相关研究也多局限于某种基础设施或者区域经济发展的某个领域，缺乏对这种复杂影响的理论分析。因此，需要对既有理论进行完善或者构建新的理论，以解释富有中国特色的基础设施影响区域经济发展的现象。

（十）区域经济空间组织理论

区域经济空间组织理论在区域经济学理论体系中占据着重要地位。改革开放以来，中国在区域经济空间组织方面开展了有重要理论意义的实践。例如，划分三大经济地带、划分四大战略区域、优化调整空间结构，规划建设城市群、推进空间近邻城市同城化发展，撤地设市、撤县设市、撤县（市）设区，通过设立计划单列市促进省域双核结构发展。目前，全国的区域经济空间组织正在朝着多极网络空间发展格局演进。对于这些区域经济空间组织的实践及发展趋势，亟须开展相应的理论研究，从而发展已有理论和创立新的空间组织理论。

（十一）区域经济发展阶段理论

中国的区域经济发展在演进过程中的表现形态大体符合既有理论，但是在发展阶段的动力构成、结构、机制，以及发展阶段的时间长度和阶段转换等方面都呈现出新的特点。这是因为，中国的区域经济发展一方面具有后发经济体的共性，另一方面又渗透着现代经济发展的新因素和中国自己的创造性实践。此外，中国区域经济发展的事实还表明，区域经济发展阶段的演进并不一定遵循已有理论揭示的路径，而是存在多种形式，并且不同层次区域的经济发展阶段演进也是有差异的。因此，分析中国区域经济发展阶段的演进，可以推动区域经济发展阶段理论的更新。

（十二）区域经济发展的政治经济学

中国区域经济发展所包括的类型、问题和方式等超越了市场经济的范畴，也超越了纯经济的范畴。例如，贫困地区、少数民族地区、边疆地区、革命老区等特殊区域的经济发展；区域间对口援助、对口合作、对口带动等；兼顾效率与公平，实现共同富裕等。这些现象是中国区域经济发展的特色，也包含许多成功的经验。对于这些现象需要从政治经济学的角度进行分析，阐明其规律及价值，从而建立相应的理论。

第三节　区域经济与产业发展

改革开放促进了我国经济的增长，但是经济发展的区域失衡现象越来越严重，东西差距越来越大，如果不加快中西部地区的经济发展，就很难实现全国经济的均衡协调发展。在区域经济发展过程中，产业发展占据着重要地位，产业发展可以实现微观经济的组合演变，对区域经济增长发挥至关重要的作用。因此，必须重视地区产业发展，为区域经济的增长奠定良好的基础，实现全国经济的综合发展。

一、产业结构与区域经济之间的关系

产业结构就是经济中各种产业的构成，以及各产业之间的比例关系，产业类别划分是产业结构形成的基础。在产业类别划分中，可以根据具体要求，选择不同的划分标准，这样就可以明确各产业类别间的内在联系。产业类别划分一般使用的是三次产业分类法，通过这种方法分析产业结构和经济增长之间的关系。在经济的转变过程中，产生了三次产业的逐级演进，这样就可以明确经济发展的进程阶段。发达国家的产业结构中，第三产业的比重较大，第一产业的比重最小。产业间投入产出的效益差别直接促使产业结构的变化，第一产业的发展受自然资源的约束，也受投资收益规律的影响，这就使第一产业的资本向第二产业转移。第二产业的发展受规模经济收益的影响，资本量的边际收益递减，当资本的收益逐渐降低时，资本会向收益更高的第三产业转移。资本追求利益最大化直接促使产业结构的变化，也就是说，在资本投入既定的情况下，产出会逐渐增加。由此可以看出，产业结构的变化能够促进区域经济的增长。产业结构的变化应该在市场机制合理配置资源的前提下进行，必须是自发演进的，同时还需要配合适当的国家宏观调控政策。我国重工业的快速增长是在特定环境和条件下形成的，是实行赶超战略实现的。高度集中的计划经济制度为工业发展提供了有利条件，但是，并没有实现效益的增长，也导致了产业结构的严重失衡。重工业所占比重较大的产业结构与我国资源优势相背离，加剧了重工业与农业、轻工业、服务业之间的矛盾。优先发展重工业违背了国际产业结构转变的一般特征，农村剩余劳动力吸收较少，这在很大程度上阻碍了区域经济的增长，因此，产业结构调整是非常必要的。我国改革开放的实施，降低了重工业的投资比重，逐渐增加了对农业、轻工业和服务业的投资，这也就逐渐转变了产业结构，在很大程度上推动了我国区域经济的增长。我国地域辽阔，这就决定了区域经济发展必然存在一定的差异，产业结构的调整为区域经济的增长做出了较大的贡献，反映了资本追求利益最大化，还明确了区域生产力状况和经济优势。产业结构必须与区域资源结构相适应，充分利用区域的自然优势，还必须重视区域的消费结构和市场容量，这就决定了产业结构具有资源导向和市场导向两种类型，能为区域经济增长提供有力保障。同时，区域经济增长转变了人们的消费观念，人们减少了农产品需求，增加了工业品需求，更加喜欢服务型产品，这就在很大程度上促进了产业结构的调整。

二、产业组织对区域经济发挥的作用

产业组织是一种关系结构，存在于特定产业的企业与企业间的垄断和竞争之中，产业组织是产业结构的补充和延伸。要想促进区域经济的增长，就必须优化升级产业结构，完善产业组织。我国东西部的经济存在严重的不平衡现象，这是由国家政策倾斜和地理位置因素造成的；同时，在产业政策的实施过程中，在市场机制的调节下，产业发展是自发演进的，受条块分割和体制不完善的限制，存在产业部门重复生产和建设的问题，还存在过度竞争的现象，这也是导致东西部经济不平衡的原因。由于产业结构优化的目标没有实现，使得企业无法通过自身的产品结构实现产业结构的升级，这就使得企业之间产品生产的重复率比较高，并且产品的类型相似，进而出现了地区产品结构趋同的现象，这非常不利于区域经济的快速增长。区域经济的增长受资本积累、劳动力和生产技术的影响，最终实现了区域商品和劳务总产出的增长。产业组织对区域经济的发展发挥着不可替代的作用，产业结构的优化升级可以增加人力资本积累，全面提高技术水平，进而实现区域经济的增长。在产业组织优化的过程中、大规模生产方式的产业中，可以利用企业组织形式进行创新，实施集团战略，进而提高学习效率，不断协调关系，实现技术的学习和扩散，还可以在研究技术的基础上开发新产品，提高产品质量。通过产业组织的优化升级，可以全面提高企业的规模经济性和范围经济性，将稀缺的生产要素应用到高效使用的企业中，实现资源的合理配置。企业专门化和多样化的实现可以降低企业的发展成本，提高企业适应市场的能力，这是提高企业效率和效益的基础，是社会化大生产和现代市场经济发展不可缺少的因素。专门化发展是在当地资源初级开采和低级加工的基础上进行的，没有进行技术和产品结构的改造，这就使得技术结构老化严重、产品结构与经济发展不相适应。不完善的产业组织不仅不会促进区域经济的增长，还会有一定的阻碍作用。由此可以看出，产业组织优化能够提高企业的竞争力，实现适度的垄断，这也是推动区域经济增长的主要措施。除此之外，超额垄断和过度竞争的产业组织是建立在企业组织之上的，有效的产业组织可以为企业培育名优品牌、全面提升产品质量、树立良好的企业形象，在产业内形成进入壁垒，避免出现重复生产和建设的现象，使产业具有较强的国际竞争力，进而促进区域经济的快速增长。有效的产业组织具有降低市场交易成本的作用，不断扩大企业规模，实现产品的创新，使企业在营销组织和客户管理方面具有较强的优势。现代企业必须拥有世界级品牌，其组织结构必须适应市场变化。同时，企业还必须具有网上销售能力，企业只有具备这些特征，才能具有较强的国际竞争力，才能够在国际市场中精益求精，不断满足国际市场的需求，进而带动区域经济增长。

三、主导产业对区域经济的推动作用

主导产业在发展过程中具有较大的收入弹性，与其他产业具有较强的关联性，能够最大限度地快速吸收新的技术成果，为产业升级提供有利条件，进而带动整个区域的经济增长。主导产业能够带动其他产业的发展，全面推动国民经济的整体增长，这是因为主导产业自身具有较高的增长率，而且主导产业的快速增长有三种效应。首先，回顾效应。在主导产业发展的过程中，有专门的部门为其提供生产资料和人力资源，而主导产业部门的发展会带动这些部门的进步。由于主导产业部门具有一定的技术性，所以，在产业不断快速发展时，会增加对原材料和机器的需求；同时，这些需求对现代设计理念和设计方法提出了更高的要求。其次，前向效应。主导产业部门具有刺激和诱导的作用，主要是针对新工业、新技术以及新能源发挥的作用。现代工业活动对新工业活动开展发挥着重要作用，为其奠定了良好的基础。同时，其也可以减少其他产业部门的投入成本，吸引更多的企业家，进而研发新的产品和服务。由此可见，主导产业具有较强的刺激力，为更大范围的经济活动展开提供可能。最后，旁侧效应。主要是主导产业部门对周围区域经济的发展具有良好的推动作用。由于主导产业自身具有一定的带动作用，它会引起周围产业发生变化，新主导产业的出现，在很大程度上改变了整个区域，出现了旧城市中心改造和新城市中心产生的现象。例如，美国棉纺织业的发展推动了波士顿的发展，汽车工业为底特律的发展奠定了良好的基础，这些都可以充分体现主导产业的旁侧效应。旁侧效应的出现加快了城镇化建设，改变了以往的公路交通和服务风貌，加强了生产过程中的现代观念，具有较大的影响，这种影响超过了新活动本身和投入所引起的影响。经济区域发展过程中，主导产业部门并不是单独存在的，也无法实现独立的发展，主导产业部门的发展与其他产业部门的发展有紧密的联系，有一定的波及效果。主导产业部门的发展能够带动其他产业部门，甚至对整个国家经济的迅速发展，具有明显的推动作用。区域经济增长点的出现，无论是长期资本积累，还是短期资本聚合，都是利用有力的支撑点和产业群体形成的。在这个过程中，主导产业发挥着不可替代的作用。主导产业是整个经济空间增长的推动力，也是区域产业结构的核心，只有围绕主导产业才能建立各种专业化部门和辅助部门，进而形成完整的经济体系，提高区域产业结构的合理化水平，突出主导产业在促进区域经济增长方面的作用。除此之外，在区域经济发展过程中，不同的发展阶段会有不同的主导产业，这些主导产业的变化和发展也会促进区域经济的增长。日本是一个比较典型的例子，战后日本经济得到了高速增长，汽车和钢铁是日本经济的主导产业，主导产业的交替和发展为经济增长提供了动力，主导产业的发展推动了区域经济的增长。

促进区域经济发展是我国经济发展的主要目标之一，只有这样才能全面提高我国的经济水平，产业发展能够促进区域经济的增长，为保持经济增长提供有力的保障，所以，要想推动区域经济的发展，就必须提高对产业发展的重视程度。在产业发展过程中，需要不断升级产业结构、优化产业组织、选择恰当的主导产业，这样就可以带动区域经济发展，为区域经济发展提供有利条件，区域经济增长可以缩小东西部经济差距，全面提升我国的经济水平。

第四节　会展经济带动区域经济

在社会资源配置体系中，会展经济发挥着重要作用。随着社会生产力的提高，会展业得到了良好的发展。会展业属于第三产业范畴。区域经济是特定空间内经济活动体系以及运行机制组成的集合体。因此，其中所涉及的经济要素较多，各要素都会对区域经济的发展产生重要影响，而会展经济就属于其中之一。探讨会展经济对区域经济发展的价值具有实际意义。

一、会展经济产业概况

会展经济是在现代经济环境下，新型经济组织通过组织或者是个人的形式为获得利益而从事的一切商业活动。对于会展举办者而言，其追求的是利益最大化；而对于参与会展的参展商而言，会将综合成本收益以及其他多种因素共同进行考虑。例如所开设的会展活动对应的覆盖面积、性质以及投资金额等，这些都是影响参展商最终决定是否参展的重要因素。目前国内的会展形式以娱乐性会展和商业性会展为主，这使得会展经济的覆盖面更加广泛。除了娱乐之外，还涉及商业、传媒、金融以及其他社会领域。通过会展经济发展的形式，能够帮助个人或者团队凭借自身的应用能力和创意，针对知识进行研发和创新，从而打造出具有发展潜力和较强吸引力的新行业。因此，积极向上的会展活动能够丰富人们的业余生活，同时还能够提供更多的行业发展机会，对于参展的个人或者单位的创造力以及经济实力都具有提升作用。更为主要的是，会展经济的发展，间接地对国内的科研技术水平的提升产生了推动作用。

可以说，一个行业在发展的过程中必然会面临各种挑战以及质疑，会展经济同样遵循上述规律。这是因为会展经济的本质是在模拟现实的背景下人和人之间的互动，这种互动形式是会展活动的线下交流，由客户和生产商直接进行沟通，提高了市场经济的运行效率。纵观国内外的会展经济，以韩国和欧美国家的会展经济发展最为强劲，因此，吸引了大量的会展经纪公司前往建设。其中又以网络电子产业最受关注，如常见的游戏展、动漫展等吸引了大量人员参与。以韩国会展经济为例，其内容主要集中在车展、娱乐等领域，其所建立的会展经济体系在整个亚太地区都有着举足轻重的地位，因此占据了会展经济市场的较大份额，甚至在汽车产业之上。可以发现会展经济属于流量经济形式，这是因为在会展活动中涉及大量的人流以及货物流，包括信息流，在会展区域形成聚集效应，这对城市交通运输提出了更高的要求。城市在水陆空三方面的运输条件都需要达到一定的水平，才能够满足这种需求。由此可见，现代化的会展活动离不开高效的城市交通运输体系的支持，当然也包括与之匹配的运输条件。为了支撑会展经济的良好发展，区域经济就需要关注交通运输活动的进行，这也成为缓解区域经济发展就业压力的重要方向之一，能够带动服务产业以及其他产业的发展。除此之外，会展活动和旅游活动之间也是相辅相成的关系。对于区域经济而言，可以借助举办会展活动的方式扩充独特且丰富的旅游资源，如国际上较为知名的旅游城市新加坡、米兰等举办的会展活动就是极具代表性的城市旅游品牌。其不仅能够拉动区域经济的增长，同时还能够提高城市的国际知名度。在经济发达的城市，会展经济对区域经济是利大于弊的。融合和交流是会展经济的出发点，促进产业融合就要扩大产业范围，增加产业融合程度，会展经济将多种产业相互融合，进行融合的产业越多，其产业竞争力与综合实力越强，会展经济对区域经济的带动作用就越明显。

二、会展经济对区域经济的带动作用

（一）促进区域交通发展

通过会展活动现状进行分析，可以发现会展期间存在频繁的车辆往来，因此，所形成的交通状况相对较为复杂，增加了区域交通所面临的压力。故此，为了保证会展活动期间交通运输的顺畅，城市在建设过程中，构建良好的交通系统就显得十分必要，包括对于道路的拓宽以及地铁等新型交通运输方式的修建等，以此提高区域交通的便利性。所以，会展经济的发展对于区域交通的发展具有促进作用。

（二）带动区域旁侧产业

由于会展期间会出现大量的人流量，还会发生多种形式的消费行为，分布在住宿、餐饮、日用品等各个领域。人流量会带动旁侧产业的发展，尤其是现阶段我国民众的整体生活水平有了大幅度的增长，消费水平的提高也带动了其消费内容的转变。民众在参与区域会展活动的过程中，会产生参观城市景点的需求，这表现出会展经济对于区域旅游业发展的带动作用。除此之外，会展经济的快速发展对于中心功能的完善也能够产生推动作用，尤其是区域的建筑业、文化业以及投资业等范畴。实现区域内部生产要素的高效流动，促进自然资源、新能源以及人才优势的发挥，为区域经济的增长助力。企业将获得更多的发展机会，产业范围也将相应得到扩大，实现与旁侧产业之间的融合，在整体实力得到增长的同时，产业所具有的潜在商业价值也得到了更好的发挥。

（三）拉动区域外部投资

会展活动会收取一定的费用，包括会议费用、门票费用以及停车费用等，这些都是会展活动的优势。将上述优势转化为招商投资项目的吸引力，吸引部分企业参与，增强客户和会展商之间的良好沟通，为商业贸易活动的开展提供助力，从而拉动区域外部投资，带动区域经济的增长。

（四）带动区域就业形势

不断增长的人口数量也使得每年的大学毕业生数量出现了大幅度增加，增加了社会的就业压力。目前，就业难问题依旧阻碍着我国的发展。会展经济的发展同样能够对区域就业形势进行一定的改善，这是因为会展活动的进行能够实现展览面积的扩展，增加会展区域就业岗位的需求，为社会人才提供更多类型的就业方向，有利于实现人才价值的最大化，同时也能够促进就业。

三、影响带动作用发挥的主要因素

（一）避免盲从主义

不同区域发展过程中表现出的区域经济特点有所差异，具体体现在经济客观条件方面，因此，有关会展活动的设置就必须遵循相应的路径，建立在实事求是的基础之上，针对具体的区域经济状况进行分析，以探寻匹配的会展经济模式。如果区域具有良好的会展经济发展优势，则需要进行充分利用，借助大力发展会展经济的方式带动本土经济的增长。而对于部分区域，由于不适合会展经济的发展，则应当探寻其中存在的问题，解决外部条件的不足。例如交通方面，通过提出有效的改进措施或者是通过政策帮扶的方式完善自身的基础条件，为今后开展会展活动打下坚实的基础。如果一味盲从，效仿其他区域开展会展经济，结果只会适得其反，因此，需要杜绝盲目跟从的行为，关注会展经济与区域经济的匹配性。

（二）内部经济形势

内部经济是内部规模以及内部范围的经济。受产量增加的影响，企业在生产成本方面会持续走低，应用于会展领域，可知会展规模的扩大会对会展企业的发展产生正向影响，因此，当企业具有较大规模时，所举办的大型会展活动取得成功的概率也就更高。这是因为较大规模的会展更容易吸引大量的游客和用户。从目前的情况来看，国内的会展企业规模相对较小，虽然会展活动举办的次数较多，但是在整体规模以及专业性方面较发达国家仍有一定的差距，所构建的会展经济体系存在一定的缺陷，因此，关注内部经济优势的发挥十分必要。

四、强化会展经济对区域经济发展带动作用的具体措施

（一）大力开展会展活动，培养会展企业及人才

在正确认识会展经济对经济发展的价值之后，需要为会展活动的开展构建一个良好的环境，包括投入力度以及相关人才的引进和培养。政府方面需要承担起自身的引导和支持职能，加大对会展企业的扶持力度，并关注会展人才的培养规范性建设。人才的培养不仅需要企业担负起相关责任，高等院校也需要注重会展专业人才的培养，构建成熟的人才培养机制来匹配市场形势，以满足会展行业今后对人才的需求。

（二）注重产业依托，推进会展活动顺利开展

稳固的经济基础关系着会展活动的顺利进行，为更好地体现会展经济对区域经济的助推作用，关注产业依托以及会展企业经济实力的增强，同时保持人力物力资源支持的稳定，保证会展活动开展的基础条件。凭借产业依托保证会展活动的落实，借力提高会展企业的知名度，树立正向的企业形象。

（三）改进会展相关管理制度，创建协调机制

会展活动的举办同样依赖规范化的制度体系，故此，关注制度体系的改进和优化十分关键。考虑到当前的市场环境需要针对会展经济发展状况进行准确把握，以管理制度改革作为突破口，确保会员企业今后的发展拥有充足的空间，借助制度的改革影响会展企业的发展状态，强调对于战略目标的明确制定和实施策略。在该过程中还需要关注协调机制的创建，具体是指会展企业及其相关经济活动的科学化管理和区域范围内经济竞争的良性化转变，这些举措都关系着会展经济发展的良好环境的构建。

五、对我国会展经济产业的思考

现阶段国内的会展经济市场占有率正在不断提高，从事会展行业的运营商关于会展经济的认知也在悄然发生变化，在运营态度方面明显改善。目前，国内的会展以游戏品质和文化内容为主，因此，在组织进行会展经济代理过程中，就需要关注国内传统文化和会展经济的有效联系，从而发展具有特色且有着较高市场竞争实力的会展经济项目，这将成为今后会展经济的重要方向。而政府部门则需要承担针对会展经济进行有效监管的职责，需要为会展经济寻找正确的发展方向。除此之外，涉及会展经济的法制建设工作也需要同步开展，通过法律法规的方式形成关于会展经济市场的严格监管，避免出现不健康的会展经济形式。要求会展企业家在会展活动的组织以及经营过程中强调对具有

吸引力的消费资源的输出，并携手政府共同构建良好的市场环境，充分发挥行业自律的作用。

影响区域经济增长的重要因素是区域内部的资源配置效果，会展经济具有调动区域之间经济各要素联系的作用。因此，表现出对资源配置的优化，注重会展经济建设机制的构建，强调区域内部生产要素的有效流动，带动资金的周转，并采用正确的组合方式，发挥会展行业对区域经济增长的影响作用，通过构建快速通道的方式为会展行业的发展提供便利。

综上所述，本节首先分析了会展经济对区域经济增长的作用，随后指出了发展会展经济、推动区域经济增长的相关思路，围绕这一核心制定具体的发展策略，包括对相关制度的建设和人才的培养、依托产业优势、实施制度改革、构建良好的发展环境等。相信今后随着会展产业的快速发展，其所产生的经济效益势必会带动区域经济整体增长，成为社会经济发展新的增长点。

第五节　区域经济发展战略规划

近年来，我国逐渐步入经济发展的新常态。在新常态背景下，经济发展的大形势发生了变化，总体经济增速明显放缓，对经济发展质量更为关注，经济发展战略规划的重要性也更为凸显。对于区域经济发展来说，战略规划不仅是经济发展的蓝图，也是经济发展的重要“指挥棒”，能够引导经济向更为科学、稳定的方向发展，所以，提升对战略规划的重视度十分关键，做好这方面的研究意义重大。

一、区域经济发展战略规划

（一）区域经济发展战略规划的含义

区域经济发展战略规划指的是对区域经济、社会发展关于长远性、全局性、关键性的问题所做的规划和总结，从战略高度对其进行安排的活动。简单来说，就是为了提升区域经济发展的科学性，在较长的时间内，依据对区域经济、社会发展情况的估量，对区域经济发展的各方关系进行分析，对其达到的目标、指导思想、经历阶段、解决的重点内容等所必须采取对策的总决策和总规划。

（二）区域经济战略规划应遵循的原则

第一，兼顾全局原则。区域经济战略规划的主要目的在于提升区域经济发展的科学性，增强区域经济发展的有效性，所以必须兼顾整体利益，以大局为重。要处理好局部与整体、生活与生产、乡村与城市、工业与农业等的关系，只有如此才能够促进发展战略与发展规划的协调，对各个方面的发展进行统一，更好地达到战略目的。

第二，发挥优势原则。我国地域面积较广，不同地区具有不同的地势特征、气候特征等，自然资源、自然条件、文化风俗等都不相同，所以在发展区域经济、制定战略规划的时候一定要充分考虑地区的差异性，对地区优势进行科学运用，这样才可以取得更好的效益。

第三，效益原则。区域经济发展战略规划的目的在于取得地区经济效益，合理对区域经济发展进行规划和布局，能够以更少的投入取得更大的收益。所以，在制定战略规划时一定要运用好效益原则，要坚持环境效益与生态效益的统一、社会效益与经济效益的统一，使区域经济处于可持续发展状态。

（三）区域经济发展中做好战略规划的重要意义

第一，能够从全局为区域经济发展明确方向、确定思路、做好引导。区域经济发展战略规划是站在区域经济总体发展形势、发展方向的基础上制定的，是对区域经济的发展状况进行详细分析和探究之后制定的规划，具有较高的实用性和操作性，能够为区域经济持续发展提供良好的指导。通过战略规划的制定，可以结合区域经济的现实发展情况为其明确发展思路，能够使区域经济发展更为稳定有序且有规范的参考依据，从而实现区域经济发展整体水平的提升。同时，战略规划还可以对区域经济的发展方向进行明确，使区域经济的发展更具有目标性和方向性。

第二，能够提升区域经济发展的有效性。通过结合区域经济的现实发展情况进行战略规划的制定，能够及时对区域经济的发展情况进行检验，明确区域经济的现实发展是否与规划相符合，是否存在问题，或者存在不足等。通过这些分析和探究，能够及时发现区域经济发展中的缺陷，并及时解决这些缺陷，促进区域经济整体发展成效的提升。

二、区域经济发展战略规划中存在的问题

当前虽然我国各个地区对区域经济发展战略规划的重视度不断提升，采取了很多措施来提升战略规划的科学性，但是依然不可避免地存在很多问题，只有对这些问题进行科学总结，明确问题产生的原因，才能够制定针对性的解决措施，为区域经济的进一步发展提供良好的指导。

（一）战略规划的制定与区域的现实情况不相符

区域经济发展战略规划是区域经济发展的指导规范，对于区域经济的持续稳定发展意义重大，所以其必须具有较高的操作性，要切实站在区域经济发展的现实情况上制定。但是当前我国很多地区在制定区域经济发展战略规划的时候都存在一定的盲目性，不能对区域经济发展的现实情况进行深入考虑。如没有做好环境和机遇评估、没有对区域经济发展模式进行论证分析等，导致战略规划不能贴合区域情况，操作性不强。区域经济战略规划的制定是一项系统性工作，涉及很多细节性内容，不仅需要对区域经济的具体情况进行分析，还要做好详细考察、市场调研等，显然当前我国很多地区在制定战略规划的时候都没有做到详细、准确，战略规划的科学性有待提升。

（二）战略规划制定人员的综合技能欠缺

区域经济发展战略规划的制定离不开高技能、高水平的专业人员，只有懂得区域经济各个有关学科、对区域经济发展情况较为熟悉、专业化技能较高的人员才能够制定出更为科学的战略规划。不过当前我国很多地区在制定区域经济发展战略规划的时候都存在制定者专业化技能欠缺的问题，比如战略规划制定者缺乏对区域经济发展的系统分析，没有掌握项目管理、编制等方面的内容，导致制定出来的战略规划缺乏科学性等。要想解决这一问题，需要政府做好详细分析，对战略规划制定者进行培训、加强考核等，提高战略规划制定者的综合能力。

三、区域经济发展战略规划制定的措施

（一）加强调研，做好各项要素的了解

区域经济发展战略规划在制定之前，一定要对区域经济发展的现实情况进行调研，从多个层面出发对区域经济发展进行分析，如对政策、社会、经济、技术等现实情况都进行了解。同时在编制战略规划的过程中，还要避免出现急于求成的心理，提升调研的科学性与准确性，要对经济发展要素如公共产品、经济结构、经济总量、人口、自然资源等进行深入分析，并对区域周边的经济发展要素禀赋情况进行研究，把握好区域经济社会具体历史数据，并开展有关的实证研究与分析。只有在做好深入调查与分析之后，才能够做好战略规划，进而提升战略规划的科学性。

（二）做好区域经济结构优化工作，深入挖掘比较优势

对于区域经济来说，经济结构优化涵盖了很多方面的内容，如产品结构、投入结构、消费结构、分配结构、人口结构等，对这些结构进行优化，是促进区域经济持续发展的关键，也是必然环节。从浅层次来看，区域经济结构优化主要涉及的是社会环境情况、

区域内外发展格局、经济发展模式、社会环境情况等；但是从深层次来看，其涉及的是区域的要素禀赋状况，在制定区域经济战略规划时应当对区域要素的禀赋结构进行重新审视，并详细分析各个时间段中的要素禀赋情况，对其结构进行优化，进行区域比较优势的培育和挖掘，这样才能够实现区域经济结构的更好优化。在制定区域经济发展战略的时候，要将最优经济结构作为基础，对战略进行科学划分，并依据具体项目对资源进行配置。

（三）从全局进行分析，提升战略规划的系统性

区域经济战略规划属于区域经济发展的上层建筑，发挥的是指导性作用，涉及的是区域经济发展方向、指导原则、指导思想、发展目标等有关内容，所以必须从全局进行分析，提升战略规划的系统性。具体来看，在制定区域经济发展战略规划时应当提升思维高度，必须将整个区域的经济发展作为一个整体来考虑，结合区域内外的基础条件和环境，先整体分析后局部分析，避免在不明确整体目标的状况下开展规划和分析，且要坚持统一分布、集中指导、分散实施的原则。也就是要对区域经济的整体发展情况进行详细考虑，在明确整体发展状况的基础上对各个层面的内容进行总结，并制定战略规划。

（四）做好区域经济发展战略规划人员的培训与教育

由于区域经济发展战略规划的制定是一项系统工作，涉及很多内容，且在当前我国各个区域经济持续深化发展的过程中，区域经济发展深度更强，对创新发展的需求更大，所以，更需要提升战略规划制定的专业性，对战略规划制定者的要求更高。其一，区域政府要重视区域经济发展战略规划的制定，定期组织专业人员对制定者进行培训与教育，使其拓宽知识面，提升对区域经济发展的认识深度，对各个方面有关的知识进行学习。其二，区域经济发展战略规划的制定涉及的内容较多，战略规划制定者也要自主加强学习，如学习市场学、管理学、统计学等方面的知识，利用业余时间多学习有关的内容，以提升自身的综合技能。其三，要加强各有关部门的联系，区域政府部门要做好协调与沟通，构建科学的沟通平台，实现各个部门人员的有效联系，促进区域经济信息的流通，这样能够为战略规划制定者提供更为全面的信息，提升战略规划制定的科学性。

在新常态背景下，加强区域经济发展战略规划的制定对于区域经济稳定持续发展的意义重大，不过区域经济发展战略规划的制定是一项系统化工作，涉及很多方面的内容，不仅要加强分析，提升系统规划的科学性，还要对战略规划制定者进行培训，提升综合技能与素质。本节结合实际情况提出了一系列区域经济发展战略规划的制定措施，希望能够为相关人员提供参考和借鉴。

第二章　区域经济发展

第一节　区域经济发展的守正与创新

党的十八大以来，区域协调发展格局基本成形，党的十九大更是将区域协调发展上升为国家战略。在两个一百年的交会点，面对世界百年未有之大变局，面对经济发展空间结构的深刻变化，面对新发展理念高质量发展的要求，面对“十四五”规划，区域协调发展该考虑什么、准备什么、做点什么，是必答题。党的十九届四中全会通过的《中共中央关于坚持和完善中国特色社会主义制度、推进国家治理体系和治理能力现代化若干重大问题的决定》（以下简称《决定》）中提出，构建区域协调发展新机制，形成主体功能明显、优势互补、高质量发展的区域经济布局。根据党的十九届四中全会精神，本节将从守正与创新的角度对新时期区域经济的发展谈点看法。

一、区域经济发展须秉持守正

所谓守正，就是坚持和巩固。对于党的十八大以来，区域协调发展已经成形、可以制度化的理论和实践，“十四五”时期要毫不含糊地坚持和巩固。这是区域协调发展格局的四梁八柱，是“承重墙”，不可撼动，动了可能会出大问题。

实施区域协调发展战略，是习近平新时代中国特色社会主义思想和基本方略的重要组成部分，是贯彻新发展理念、建设现代化经济体系的重要内容，是新时代推动中国区域发展的总体战略部署。区域协调发展是党的十六届三中全会提出的“五个统筹”之一。党的十六届五中、六中全会也进一步予以了阐述。党的十八大以来，以习近平同志为核心的党中央提出了创新、协调、绿色、开放、共享的新发展理念，实施了京津冀协同发展、长江经济带建设等引领区域发展的重大战略。党的十九大正式提出了区域协调发展战略，并将其纳入国家七大战略之中。2018 年 11 月，国家出台《中共中央　国务院关于建立更加有效的区域协调发展新机制的意见》，意味着中国进入了实施区域协调发展战略的新阶段。

新时代的区域发展，从空间格局来看，已形成京津冀协同发展、长江经济带发展、长三角一体化发展、粤港澳大湾区建设、黄河流域生态保护和高质量发展五大战略构筑成的基本格局。从补短板角度来看，要加大力度支持革命老区、民族地区、边疆地区、贫困地区加快发展，并将其作为首要任务。从发展板块角度来看，应强化举措推进西部大开发形成新格局，深化改革加快东北等老工业基地振兴，发挥优势推动中部地区崛起，创新引领率先实现东部地区的优化发展，建立更加有效的区域协调发展新机制。从城镇作用方面来看，应坚持以城市群为主体构建大中小城市和小城镇协调发展的城镇格局，加快农业转移人口市民化。从内容丰富性方面来看，将支持资源型地区经济转型发展、加快边疆发展、坚持陆海统筹、加快建设海洋强国等内容纳入，从而进一步丰富区域协调发展战略的内涵，逐步形成多层次的区域发展战略体系。党的十八大以来，国家实施的区域协调发展战略已经取得重要进展和明显成效。对于实践证明是正确的，必须坚持和巩固。

二、区域经济发展须坚持创新

所谓创新，就是需要完善和发展的地方。就是在不动“承重墙”的情况下，根据形势与任务、目标与要求、需要与可能进行与时俱进的“装修”。非“承重墙”能打则打，能改则改，实在不行，可考虑根据需要和可能，搞点“加建”。当然了，“加建”部分不仅要与整体设计和整体风格协调，还要符合“物业”管理条例。总之，新时期要善于找到腾挪的空间，并适时、适势、适当地加以完善和发展。

（一）区域板块分化不断加深

找准创新，即需要完善和发展的地方，首先就是要找问题，坚持问题导向。而现阶段，影响区域协调发展的主要问题是不平衡不充分，具体来讲，就是分化。

2013 年以来，随着中国经济发展进入新常态，区域发展也出现了新趋势、新变化。依靠创新驱动的东部沿海地区继续保持较为稳定的增长态势，且表现出了更强的韧劲和惯性；主要依赖投资拉动、资源驱动的部分内陆省份则经历了一轮较大幅度的经济下滑，在南北方之间、四大板块之间、四大板块内部都出现了较为明显的分化现象。

2018 年，区域分化格局进一步加剧，低速增长省份在北方蔓延扩大，东部整体增速出现下行，同时各板块内部的分化也在加深。首先是南北分化。从 2013 年开始，南方省份的总体增长速度开始超过北方省份，一直持续至今并且差距不断扩大，呈现出经济增长“南快北慢”和经济总量占比“南升北降”的分化格局。其次是四大板块分化。既存在板块之间的分化，也存在板块内部的分化，这使得目前区域分化状况更加复杂。具体表现为：东北地区的经济增速多年走不出困局，西部地区的经济增长速度领先优势弱化，东部地区经济增速放缓，中部地区经济增速相对较好。最后是国家重点战略分化。京津冀、长江经济带、粤港澳大湾区等国家重点战略在区域间也出现了增速分化。京津冀增速放缓，长江经济带和粤港澳大湾区增速平稳。此外，还有“胡焕庸线”两侧分化。“胡焕庸线”西北半壁经济增速下滑压力增大。“胡焕庸线”西北半壁经济增速曾连续10年超过东南半壁，增长势头强劲。2017年开始，西北半壁的经济增速低于东南半壁。就经济比重来讲，东南半壁略有上升，西北半壁略有下降。

（二）解决区域分化问题的政策要求

解决上述分化问题，从政策角度来看，需要梳理并完善现行分类管理的差别化区域政策，解决区域政策的碎片化问题，提高区域政策的互动性、互补性、协调性。

具体而言：一是梳理并完善经济功能区优惠政策。改革开放以来，国家先后设立了一批不同类型的经济功能区，从早期的经济特区、沿海经济开放区、经济技术开发区等，到随后的保税港区、综合配套改革试验区、自主创新示范区、自由贸易试验区、自由贸易港等，国家在赋予其明确功能定位的基础上，均给予了相应的优惠政策。这些优惠政策的确发挥过重要作用，但随着形势任务的变化，必须进行重新梳理，及时推进废、改、立。

二是梳理并完善主体功能区调控政策。自2005年以来，国家大力推进主体功能区规划建设。2010年12月，国务院颁布了《全国主体功能区规划》，按照资源环境承载能力、现有开发密度和发展潜力，将国土空间划分为优化开发、重点开发、限制开发和禁止开发四类主体功能区，以规范空间开发秩序，优化空间结构，促进人与自然和谐发展。新时期，要根据规划的执行落实情况及新情况、新问题，对不同类型主体功能区的主体功能定位、发展导向，以及财政、投资、人口、环境等方面的分类政策等进行梳理，发现问题、分析原因、予以整改。特别是要实事求是、因地制宜、差异施策、扬长避短、优化发展，适合干什么就干什么，不搞整齐划一的“一刀切”。

三是梳理并完善针对特殊类型区的援助政策。特殊类型区是全面建成小康社会、推进社会主义现代化建设的突出“短板”和“弱项”，是区域发展不平衡不充分的集中体现。但同时也是区域协调发展、国家生态安全、能源资源安全、边疆稳定、民族团结进步的重要支撑。推动特殊类型区实现高质量发展，客观上需要完善相关政策，从差别化转向精准化，从面上覆盖转向点上发力，从依托大区域板块转向小区域范围，从行政区画线转向跨区整合，从以地理单元施策转向以经济单元扶持，增强政策的精准性和有效性。

三、区域经济创新发展新思考

守正，坚持和巩固则可。创新，完善什么、发展什么，怎么完善、怎么发展，则需要认真研究。具体而言，新时期实现区域创新发展，需要着重注意以下三个方面。

（一）持续加大改革力度，推动区域发展发生“化学反应”

改革改的就是依然制约或不利于区域协调发展的体制机制，从而构建区域协调发展新机制。党的十九大报告强调，要建立更加有效的区域协调发展新机制。而促进区域协调发展，增强区域发展的协同性、联动性、整体性，关键在于深化改革和体制机制创新。

具体而言：一是健全市场一体化发展机制。党的十九届四中全会《决定》强调，要加快完善社会主义市场经济体制，建设高标准的市场体系。必须坚决清理废除妨碍统一市场和公平竞争的各种规定和做法，清除各种显性和隐性市场壁垒，促进生产要素价格市场决定、跨区域自主有序流动和高效公平配置。加快建立各区域间统一开放、竞争有序的市场体系。二是深化区域合作机制。2019 年 8 月 26 日，在中央财经委员会第五次会议上，习近平总书记在重要讲话中强调，要研究推动形成优势互补高质量发展的区域经济布局问题。要根据各地区的条件，走合理分工、优化发展的路子，落实主体功能区战略，充分发挥承载发展要素的中心城市和城市群的带动作用，完善空间治理，形成优势互补、高质量发展的区域经济布局。三是创新区域互助机制。完善先进帮后进的对口支援制度，创新帮扶方式，加强教育、科技、人才等帮扶力度，增强后进地区自身发展的“造血功能”，促进对口支援从单方受益为主向双方受益转化。在省级统筹的基础上加快养老保险全国统筹进度，在全国范围内实现制度统一和区域间互助共济。四是建立健全区际补偿机制。完善能源消费总量和强度双控制度，全面建立生态补偿制度，健全区际利益补偿机制和纵向生态补偿机制。五是改革土地管理制度，增强土地管理的灵活性，不断扩大优势地区的发展空间。完善财政转移支付制度，对重点生态功能区、农产品主产区、困难地区提供有效转移支付。

（二）进一步扩大开放，不断增强区域发展的联动效应

2019 年 11 月 5 日，在上海举行的第二届中国国际进口博览会开幕式上，习近平总书记在主旨演讲中指出，中国将继续推动京津冀协同发展、长江经济带发展、长三角区域一体化发展、粤港澳大湾区建设，并将制定黄河流域生态保护和高质量发展的新型国家战略，增强开放联动效应。

党的十九届四中全会《决定》明确指出，建设更高水平的开放型经济新体制，实施更大范围、更宽领域、更深层次的全面开放。首先，区域发展要与更大范围的开放联动，

在区域上优化对外开放的空间布局，既要加快自由贸易试验区、自由贸易港等对外开放高地建设，又要推进各区域面上的整体开放。其次，要与更宽领域的开放联动，根据不同区域的特点大幅放宽市场准入，包括在更多领域允许外资控股或独资经营等。最后，要与更深层次的开放联动，积极推动贸易和投资自由化、便利化，具体包括健全外商投资准入前国民待遇加负面清单管理等制度。

党的十九大报告指出，要以“一带一路”建设为重点，坚持引进来和走出去并重，遵循共商共建共享原则，加强创新能力开放合作，形成陆海内外联动、东西双向互济的开放格局。将西北、东北地区的发展与丝绸之路经济带建设密切联系，将东南沿海地区的发展与21世纪海上丝绸之路建设密切联系。在中新（重庆）战略性互联互通示范项目的基础上，加强国际陆海贸易新通道建设，提升中国西部地区与东南亚地区的互联互通水平，加大对沿边地区的开放力度。

（三）更加重视公平共享，推动区域发展产生“连锁感应”

区域协调发展的最终目标就是通过解决区域发展不平衡不充分问题，增进各区域人民福祉，满足各区域人民日益增长的美好生活需要，促进人的全面发展。党的十九届四中全会《决定》指出，必须健全国家基本公共服务制度体系，尽力而为，量力而行，注重加强普惠性、基础性、兜底性民生建设，保障群众的基本生活，使改革发展成果更多更公平地惠及全体人民。

具体而言：一是区域发展要与促进就业产生感应，健全更充分更高质量的就业促进机制。二是区域发展要与办好教育产生感应，构建服务全民终身学习的教育体系。三是区域发展要与完善全民社保体系产生感应，建立有利于健全统筹城乡、可持续的基本养老保险制度、基本医疗保险制度，稳步提高保障水平。四是区域发展要与提高人民的健康水平产生感应，让广大人民群众享有公平可及、系统连续的健康服务。五是区域发展要与完善城乡公共文化服务体系产生感应，健全人民文化权益保障制度。六是区域发展要与人民安居乐业、社会安定有序产生感应，完善共建共治共享的社会治理制度。七是区域发展要与生态文明建设产生感应，践行绿水青山就是金山银山的理念，促进人与自然和谐共生。八是区域发展要与乡村振兴产生感应，巩固脱贫攻坚成果，防止返贫，推进乡村全面振兴。此外，共享既是区域发展的理念，又是要求、任务和目标。新时期，区域协调发展要高度重视区域发展的公平性，不仅要考虑区域整体经济社会质量的提升，更要注重提升人民群众的获得感、幸福感、安全感，让各区域的人民群众共享发展成果。

第二节　当区域经济发展拥抱“高铁时代”

110 多年前，第一条由中国人自行修建的铁路——京张铁路正式开通。一个多世纪后的今天，拥有自主知识产权的“复兴号”家族日益庞大，根根铁轨连通天南海北，高铁的快速发展让我们的追梦之路更通畅。

截至 2018 年年底，中国铁路营业里程达 13.1 万千米，其中高速铁路突破 2.9 万千米，占世界高铁总量的 2/3。这张铁路网上，每天有 7000 ~ 8000 列旅客列车在运行，将 700 ~ 1400 万人运送到目的地；开行货物列车近 2 万列，发送货物 1000 多万吨；电气化率、客运周转量、货运发送量、换算周转量、运输密度等指标位居世界第一……

一、联通区域优势，缩小发展差距

不久前，东起浙江杭州市、西到黄山市的杭黄高铁正式开通运营，这条呈“之”字形的铁路，贯穿杭州西湖、富春江、千岛湖、黄山等一批全国著名旅游名胜，沿线共有 7 个 5A 级旅游景区、50 多个 4A 级旅游景区，被网友称为串起“名城、名湖、名江、名山”的黄金旅游线。

自 2010 年以来，沪宁、沪杭高铁的陆续开通，标志着长三角地区核心城市的高铁互联互通框架已基本形成，长三角“同城时代”就此开启。一直以来，长三角地区都是我国旅游产业最发达的地区，皖南毗邻“长三角”，旅游资源丰富，徽文化底蕴深厚，理应成为长三角地区的后花园，吸引更多的国际国内旅客，但交通的不够便捷成为皖南旅游产业发展的一大阻碍。

“杭黄高铁的开通运营，打通了浙江西部至安徽南部山水相隔的天堑，结束了浙江西部富阳、桐庐、建德等地不通高铁的历史，极大地缩短了杭州至黄山的时空距离。”杭黄铁路副总经理金士杰表示，杭黄高铁作为杭昌高铁的一部分，是我国高铁八纵八横的区域性铁路，对于进一步完善优化浙皖两省和我国东部地区高铁路网结构具有重要意义。

黄山的旅游资源十分丰富，而杭州又是旅游城市。对于旅游业来说，点到点之间的快速通达串联十分重要。这条全长约 265 千米的高速铁路，作为长三角城市铁路网的延伸，穿越浙江、安徽两省，中国经济最发达的长江三角洲核心区，对长三角地区经济尤其是旅游业的发展有着深远的影响。“这条世界级旅游大通道的开通将促进旅游业的发展，通过旅游业的发展带动沿线其他领域的经济发展和乡村振兴。”浙江大学副校长黄先海表示，杭黄高铁的开通增大了长三角的经济辐射效应，推动了区域经济协调发展，助力浙皖之间的经济文化交流发展。

高速铁路将越来越多的城市和地区串联在一起，形成快速往来的交通网，形成“同城效应”，可达性的提高可促进发达地区城市群功能的延伸，带动沿线落后地区城市的发展，加快沿线区域一体化进程。

2017 年 12 月开通的西成高铁彻底打破了川陕渝“西三角”地区的空间阻隔，连接西安、成都、重庆三座西部核心城市，形成连接中国西部南、北两大板块的经济合作区域，为西部地区的发展带来了红利。无独有偶，2018 年 9 月正式开通运营的广深港高铁，连通了香港与内地城市，让香港从此进入“高铁时代”。广深港高铁不仅为各地人民出行香港提供了方便，也促使香港更好地融入粤港澳大湾区，与区内城市协同发展。

2017 年 11 月，发改委、交通运输部、国铁局、铁总联合发布的《铁路“十三五”发展规划》勾画了中国铁路的发展目标——进一步完善覆盖广泛的运输网络，缩小地区发展差距，推动更大范围更高水平更深层次的区域协同合作。截至 2021 年 12 月 30 日，中国高铁运营里程突破 4 万千米。

二、激发区域发展的内生动力

2019 年 1 月 5 日零时起，中国铁路迎来 2019 年的首轮运行图调整。京哈高铁承沈段、杭黄高铁、济青高铁、青盐铁路、铜玉铁路、哈牡高铁、新通高铁、南龙铁路、怀衡铁路、成雅铁路 10 条新线由过渡模式调整为正式运营模式，纳入全国铁路网。“八纵八横”高铁网的轮廓越发清晰，“千里江陵一日还”已经成为现实。合肥、济南、长沙、徐州……一座座城市在高铁时代跨入发展快车道。珠三角、长三角、京津冀、东三省……区域经济在高铁的串联下加速崛起。

随着京哈高铁承沈段的开通，东北老工业基地距离经北京枢纽接入全国高铁网又近了一步。京哈高铁承沈段途经河北省承德市和辽宁省朝阳市、阜新市，终至辽宁省沈阳市，沿线设承德南、承德县北、平泉北、牛河梁、喀左、奈林皋、朝阳、北票、乌兰木图、阜新、黑山北、新民北、沈阳西、沈阳 14 座车站。至此，辽宁省 14 个地级市全部连入高铁网，东北地区的高铁网覆盖面进一步得到扩大，加快形成了东西并举的进出关高铁通道，极大地方便了沿线群众的出行。

京哈高铁沈阳至承德间最快运行时间 2 小时 21 分钟，全程压缩近 9 个小时。京哈高铁哈尔滨至沈阳至大连段已于 2012 年 12 月 1 日开通运营，未来京哈高铁北京至承德段建成通车后，经北京枢纽接入全国高铁网，将形成东北地区又一进出关高铁通道。

沈阳局集团有限公司客运部副主任耿令乾介绍，京哈高铁承沈段是国家“八纵八横”高铁网的“一纵”京哈至京港澳通道的一段，京哈高铁承沈段的顺利开通，对促进东北进出关、东西并举两条通道具有重要意义，对助力东北经济发展、全面振兴东北老工业基地也有重要作用。

同样迈入高铁时代的还有河北省承德市。据承德市委相关负责人介绍，随着承德融入全国高铁网，困扰该市的交通瓶颈问题将被破解，对外交通条件会得到明显改善，对增强承德地区与周边地区经济技术文化交流合作、推动京冀协同发展、加快融入环渤海经济圈、升级旅游产业发展、建设国际旅游城市、调整产业结构、转变经济增长方式等方面都将起到巨大的推动作用。

2018 年 12 月 19 日召开的中央经济工作会议明确指出，要促进区域协调发展，统筹推进西部大开发、东北全面振兴、中部地区崛起、东部率先发展。正在快速扩张的全国高铁网络，就像根根血管，为这些区域的发展输送养分，让区域的振兴迸发活力。

三、形成成套的先进高铁技术体系

中国高速铁路标准板式无砟轨道的成功研制，具有完全自主知识产权、达到世界先进水平的复兴号中国标准动车组家族成员的相继问世，电子客票系统的成功试运行，以及移动支付、智能导航、刷脸进站等便利出行的“黑科技”……无不让人赞叹中国高铁的发展速度与令人瞩目的成绩。“在高铁领域，我们已形成了涵盖高铁工程建设、装备制造、运营管理三大领域的成套高铁技术体系。”中国铁道科学研究院院长齐延辉表示，中国目前已系统掌握了不同气候环境、不同地质条件下建造高铁的成套技术。

2012 年开通的京哈高铁哈尔滨至大连段是世界上首条高寒地区建成运营的高速铁路，设计突破了防冻胀路基、接触网融冰、道岔融雪装置等业界公认的三大技术难题。此次开通运营的京哈高铁承沈段除了面临高寒冻土等技术难点外，在桥梁隧道的设计和修建上也颇具匠心。据京沈客专京冀公司三标监理项目部总监杨忠超介绍，京哈高铁承德南至平泉北段主要运行于燕山山脉，为最大限度地减少对森林、植被的破坏，建设中大量采用了桥梁隧道的设计方案。监理三标管段正线长 53.5 千米，其中隧道达 41.8 千米，占比高达 78.1%。为保证施工质量，监理项目部对注浆过程进行了全程盯控，同步记录影像资料，并采用第三方雷达进行无损检测。

不同于高寒地区的京哈高铁，杭黄高铁位于我国浙皖地区，途经众多旅游景区，多为山地丘陵，地形起伏多变。据了解，杭黄高铁全线有正线桥梁 168 座、轨道 87 座，桥隧总长 232 千米，桥隧比为 87.6%。为了解决途经地区地形剧烈起伏的问题，铁路设计部门首次研究采用桥式结构。此外，为了保证实现生态环保和效率应用的统一，杭黄高铁在轨道设计、施工控制、供电设计、站台建设等方面也大量采用新技术、新工艺。如杭黄高铁的富阳站、桐庐站、淳安站及绩溪北站其他站线轨道、综合维修车间和工区线路轨道首次在长三角区域采用 60N 新廓形钢轨，有效地降低了钢轨波磨和动车转向架轴端设备破损，保证了杭黄高铁的平稳、舒适、安全、节能、环保、生态。

110 多年前，詹天佑主持了由中国人自主设计和建造的第一条铁路——京张铁路；一个世纪后的今天，中国人又在此修建了具有同样历史意义的铁路——由我国自主设计建造的京张高铁。它是世界上首条采用智能技术建造的铁路，在线路的施工建设工程中，创造了多项世界纪录。在八达岭长城地下 102 米，建造了世界上最大最深的高铁站，开挖的最大断面，创造了多项世界之最。开通后将实现世界首次时速 350 千米的自动驾驶，并采用我国自主研发的北斗卫星导航系统，开世界智能铁路之先河。

从京雄城际的开路先锋到杭黄高铁的产业机遇，从京张高铁的智能先河到京哈高铁的动力支撑，中华民族一直在追求民族复兴的道路上不懈前行，中国高铁的快速发展让我们的追梦之旅变得更加畅通。

第三节　创新、地方高校与区域经济发展

在创新驱动发展已成为国家战略的背景下，加大科研投入、建设高水平科研院所被看作是构建国家创新系统的重要环节。然而，仅从区域经济发展的角度，对于某些地方政府而言，是不是一定要有本地的或隶属于本地的高校和科研院所，仍是存有疑问的。因为改革开放初期，在获得高速经济增长的过程中，某些地区在人力资源、知识资源等欠缺的情况下，所崇尚和执行的恰恰是“不求所有，但求所用”“不求所在，但求所用”的思路。难道今天就不能继续按照同样的思路去“用”那些外部资源，而只能是在“有”和“在”的情况下才能“用”了吗？

一、创新、知识与经济发展

从对经济增长源泉理解的角度来看，经济增长理论大致可以划分为两类：以要素投入为增长源泉和视创新为根本。前者信奉的基本上是阿尔弗雷德 · 马歇尔开创的新古典主义，强调经济发展是一个连续的、渐进的过程，认为自然资源、物质资本、人力资本等的不断投入会带来经济的持续发展；后者以约瑟夫 · 熊彼特的创新理论为代表，认为

"生产"是"不同的生产力量"的组合，"创新"和"发展"就是执行"新的组合"，因而经济发展就应该是一个以"创新"为基础的不连续、非均衡的过程，是"从内部自行发生的变化"。

这两种看似有本质差别的发展理论却有可能通过在哲学本体论层次上的探讨走向统一。从本体论层次上讲，物质和能量已不再是世界唯一的本原，信息和知识的本体地位已逐步得到了承认。"信息是人们适应外部世界，并使这种适应反作用于外部世界的过程中，同外部世界进行互换内容的名称"，是与"物质""能量"同一层次的、最基本的概念。一个组织之所以能够维持自身的内在稳定性，是由于它具有取得、使用、保持和传递信息的方法。从这个角度上来看，经济系统、组织和个人都是信息生产、获取、传递、加工处理和使用的开放系统。对于物质、能量、信息和知识之间的关系，卡尔·波普尔的"三个世界"理论给出了进一步的解答：物理对象或物理状态的世界称为"世界1"，心灵世界或心灵状态的世界称为"世界2"，"世界3"是智性之物的世界，即客观意义上的观念的世界，它是可能的思想客体的世界——自在的理论及其逻辑关系、自在的论证、自在的问题情境等的世界。而且，"世界1"和"世界3"只能通过主观经验或个人经验的世界，即"世界2"相互作用。或者，在康德意义上，"物自体"是不可认识的，我们唯一可把握的是我们的感觉和认知。进一步地，马克斯·H. 布瓦索提出，数据本身可被认为是能量现象，将我们作为认识主体和外部世界联系起来；信息是从数据中抽象出来的，使我们以不同的方式思考事物或采取行动；知识则是对我们作为认识和行动主体的内在意向状态进行的描述，是关于世界或其中某些部分的认识，是或多或少可牢固掌握和支配的，可使我们随时在信念的基础上采取行动，且这些意向状态受信息抽象的修正。

由此，我们就可以将两种看似截然相反的经济增长理论统一到信息和知识的视角之下：知识是一切经济现象的本质和基因，经济现象无非是"知识现象"。对于经济系统而言，在静态条件下，生产是数据的转化，交换是数据扩散和积累的先决条件，而信息流动则受物质规律制约，并总在寻找节约信息成本的方式，组织、制度的出现则是由社会制度中信息和知识的流动决定的。因此，有效地利用信息和知识是组织制度的效率根源。相应地，各种正规化的技术、技术物质化形成的资本品、消费品等不过是不同类型的信息和知识的"包裹""模块"或"知识价值的容器"，都是节约利用信息和知识的方式。

从动态角度来看，知识创新才是经济增长的根本，价值增值来源于知识创新，知识累积到一定程度并以新产品的形式出现就有可能造成熊彼特意义上的创新或者说是不连续的发展。因此，如何及时有效地创造和利用知识决定了经济社会的基本组织方式与绩效。一个经济系统是不是健康运行及能否在竞争中取得优势，从根本上取决于是否能够有效地、顺畅地进行知识的生产、传播与获取、加工处理和利用。由此也就不难理解，以知识创造和传播为基本职能的大学、科研机构与从事知识利用的企业之间的关系受到了空前重视。在世界银行和经合组织（OECD）的多份报告中都可以看到，大学、产业界及其他相关组织间紧密合作，从而形成了有效的创新体系，与有效激励机制和制度框架、高素质的人口、信息基础设施一起，被认为是实现新常态下经济发展的四大支柱。

二、知识更新频率与经济发展阶段

从信息和知识视角对经济增长理论的重新解读，不仅契合了传统经济向知识经济转变的现实，还为逻辑一致地理解经济系统的运行和经济发展提供了可能，也为经济发展提供了一个基本原则：持续地提高获取、处理和使用信息和知识的效率及能力。从这个原则出发，增加资本积累和投资、技术进步、制度变革、加强基础设施建设、提高教育水平等都是提高上述能力的可能方式之一。然而，这些方式只是可能的途径，它们是否有效，关键在于这些措施能否带来或转化为新的利用信息和知识的能力。而这些转换途径能否持续地发挥效力，不仅要看这些措施带来的新能力与原有的能力系统是否相容、是否有效对接，更为关键的是，它是否导致知识创新持续地、螺旋式地循环上升。

从这个角度来讲，所有的经济都是知识经济，各种经济形态或经济发展的各个阶段都只不过是知识经济发展的不同阶段，其差异主要表现为知识的更新频率或周期。在农业社会，人类长期生活在“以土地为基本生产资料，日出而作、日落而息”的模式之下，知识更新的速度慢，技术水平进步不甚明显。以牛津版《技术史》为例。由远古（以能够制造较为精致的工具算起）到第一次工业革命前的超过 2 万年时间里的技术，其描述只有 3 卷。李约瑟对中国古代科学技术的总括性著作——《中国科学技术史》算是皇皇巨著，除第一卷《总论》和讨论中国传统社会文化与经济结构的最后一卷外，也只有 5 卷。但在工业革命之后，借助通信工具的发展，科学技术的发展呈现出越来越明显的加速趋势。仍以牛津版《技术史》为例，自第一次工业革命发生的约 1750 年到 1950 年近 200 年间的技术就占了 4 卷。其中，约 1750—1900 年 150 年间的技术描述有 2 卷，1900—1950 年 50 年间的技术描述也占了 2 卷。当人类社会进入阿尔文·托夫勒所描述的“第三次浪潮”阶段之后，知识更新的速度前所未有地加快。“知识爆炸”一词开始频繁地出现在人们的视野之中。联合国教科文组织指出，18 世纪的知识更新周期为 80~90 年；19 世纪到 20 世纪初，则缩短为 30 年；到 20 世纪 60—70 年代，一般学科的知识更新周期为 5~10 年；许多学科的知识更新周期在 20 世纪 80—90 年代缩短为 5 年，进入 21 世纪后甚至缩短至 2~3 年。显然，在信息技术的助力下，知识的裂变效应使其更新速度不断加快，知识的半衰期不断缩短。

与知识更新相对应的是产品的周期性更新。以电子产品为例。摩尔定律表明：当价格不变时，集成电路上可容纳的元器件数目每18~24个月便会增加1倍，性能也提升1倍。而且，当这一规律似乎因硅加工的极限而失效时，碳纳米技术又接替和延续了这一规律。相应地，电子产品价格的下跌也有类似的周期。由此可以认为，产品的价值与该产品所蕴含的知识的量或知识的“新”的程度有关，而这种“新的程度”取决于知识的更新周期或更新的难度。电子产业的知识更新周期短，价值贬值速度就快；关于类似黄金、钻石等物品生产的知识更新难度大，其产量或替代品的产量无法在短时间内大幅提高，其价格也就相对稳定。从这个角度来看，物的价值增值应该是来自新知识的生产或注入，是知识价值的增长。

三、区域经济发展与区域知识能力提升

从我国改革开放后的经济发展历程来看，在经济发展初期，绝大多数地区走的是“三来一补”的路子。尽管这使我们实现了经济起飞，但难以摆脱处于产业链末端的窘境，而且所谓的“以市场换技术”的策略基本上是失败的，国外的高新技术公司依靠技术优势，通过知识产权等方式悄然拿走了绝大部分价值增值。作为代工者，我们获得的只是资源、环境补偿和劳动收入，实质上成为收入微薄且可怜的“代孕者”。换言之，创新驱动发展的关键和重点不是区域内有多少高新技术企业、生产了多少高新技术产品，而是通过新知识的生产和注入获得的价值增值是多少，归根结底是区域知识能力的高低。

笔者认为，依据知识理论，从知识创造、传播、获取和利用的角度来看，区域知识能力迅速提升的路径可以概括为“引得进、接得住、用得上”。

引得进。首先，区域创新发展需要不同层次、不同类型的创新要素，尤其是创新人才，要形成顺畅的对接机制，构筑各类科技资源进入本地区的“接口”，为承接全球创新能力的落地提供着力点，为“从创新到创业”提供全面支撑。其次，创新活动具有高度的不确定性。从创新要素汇聚、创新方向与路径选择、实施创新工作到创新成果出现，再到创新成果转化、创业成功，不仅环节众多、链条漫长，而且其中有众多因素发挥作用。因此，汇聚创新要素、构筑创新环境是政府引导创新的不二法门。最后，加强创新管理，进行全程管理、全面服务，是提高创新成功率的关键。这就要立足本地，依托大学和研究机构，汇聚创新要素，大力吸引创新人才，打造“政—产—学—研—金—介”合作平台，构建以企业为主导的产学研合作的组织运行机制，全面引入创新管理，优化内部创新环境，构筑从创新到创业的完整链条，实现创新的常规化。

用得上。要走创新发展之路，就必须培养自己的研发队伍，培养自己的创新能力，解决自己的本地问题。创新并非源于实物，而是源于思想，是知识交互作用的结果。其中，人在创新过程中是唯一具有主观能动性的要素、知识创造的唯一主体。因此，研究院吸引、汇聚的核心资源是人，是高素质的人才。只有会聚到足够数量、满足结构需要的高质量人才，才能达到创新的临界点，才能持续创新。

引得进。就是能够在全球范围内开展“引知”“引智”。这需要搭建有形或无形的知识创新与知识共享的平台和网络，以消除创新知识和交流的地理限制，实现在全球范围内为本区域企业和产业的创新发展快速搜寻和获取全球创新能力。随着信息技术的发展，全球化的知识转移与共享已经成为现实。而且，由于创新高速网络的构筑、知识创新与知识共享平台的搭建，创新能力的转移难度也在大幅度降低。因此，新一轮的国际竞争将从承接产业转移、资本转移转向承接“知本”转移、创新能力转移的竞争。

四、交易费用、地方性知识与发展地方高校

对于交易费用的决定因素，威廉姆森将其归结为两大类：一是交易特性要素，主要是由资产专用性、不确定性和交易频率等组成，决定了“交易—协约”的方式及协约关系中应采用的规制结构。当为所要完成的交易选择了恰当的规制结构，所需要的交易费用就会最少，否则就要付出较高的交易费用，甚至导致交易失败。二是人的因素，主要是指人的有限理性和机会主义行为倾向。

（一）资产专用性

资产专用性是指在不牺牲其生产经营价值的条件下，某项资产能被重新配置于其他替代用途或被替代使用者重新调配使用的程度。为完成一项交易一般需要投资，并形成一定的资产。这种投资在技术上有两种选择：采用通用技术或专用技术。由此，相应地形成通用型资产或专用型资产。在选择相关资产的专用性程度时，当事人会陷入两难境地：通用资产生产率较低，生产成本高，资产的机会成本较高，但转移性强，风险小；专用性资产生产率高，生产成本低，机会成本低，但可转移性弱，风险大。一个直接的推论是：与交易相关的资产的专用性越强，则交易关系的持续性就越重要，这就要求交易双方建立某种保障机制以维护交易关系的持续性。

（二）（交易的）不确定性

不确定性是指与交易特性有关的各种内外部条件的不确定性质。库普曼斯将其分为两类：一是由自然的随机变化和消费者偏好不可预料的变化带来的初级不确定性；二是由信息不对称引起的次级不确定性。交易的不确定性使我们在分析交易关系及相关的规

制结构时，必须重视其调整能力和适应能力，因为不同的规制结构对干扰有效地做出反应的内在能力是不同的。一般来说，在存在资产专用性的情况下，不确定性越强，交易过程中产生阻滞的可能性就越大，交易费用就越高，就越需要对交易关系进行适应性调整。

（三）交易频率

交易频率是指同类交易重复发生的次数。某项交易是否有必要建立一个专门的规制结构，除考虑资产专用性和不确定性外，还应考虑交易的频率。虽然设立一个专门规制结构可以对交易关系做更加灵活的调整，但任何的合约安排和专门规制结构的设立和维护都需要费用。它能否得到充分利用与交易频率有关。在一定的资产专用性和不确定性条件下，所进行的交易如果不是经常性重复发生的，这种成本就很难补偿。一般来说，资产专用性越强，不确定性较高，交易规模越大，频率越高，建立专门规制结构就越具有经济性。

从资产专用性的角度来讲，地方性高校有两种可能的投资方向，因而也就有两种可能的发展方向：投资通用型资产，专注于一般性知识的创造或传播，走研究型或教学型大学道路；投资专用型资产，专注于知识在本地发展中的应用，走应用型大学的道路。显然，对于大学自身而言，通用性投资的风险低。而专注于当地经济社会发展的需要，地方性高校就需要形成专用性较高的资产。在这种情况下，如果地方性高校不能与当地发展形成相对紧密的合作关系，就会面对较高的资产风险。在风险与收益的对比中，如果不能因高风险获得较高收益的话，大学就会选择投资风险较低的方向，放弃与地方经济紧密结合的应用型道路，转而走资产通用性程度高的研究型或教学型道路。换言之，地方政府要想高校更多、更深入地参与到本地的创新发展中来，就必须对其专用性投资进行鼓励。

从交易频率的角度来讲，在创新驱动发展的情况下，经济发展与新知识的创造、获取和利用越来越密不可分，企业等经济主体与高等院所之间以知识为对象的交流越来越频繁。为了降低相互选择、执行和监督交易等一系列费用，交易主体之间建立长期、稳定的合作关系就变得有利可图了。这不仅是企业与高校之间的产学研合作，也包括政府与高校之间的战略合作。相对于本区域之外的高校，本地高校不仅由于地理距离可以大幅节省交易费用，由于处身于当地，而能够更多、更便利地掌握地方性知识。而创新活动的不确定性和交易行为中存在的不确定性，也使地方政府有必要与本地高校建立更为紧密的联系。

综上所述，在知识经济成为经济的基本形态，在创新驱动发展成为经济发展基本战略的情况下，由于知识更新速度加快，地方经济发展需要更高频率地与高校进行知识交易，加大本地高校建设力度就成为区域创新发展的关键和必需。

第四节 “一带一路”倡议与区域经济发展

“一带一路”是我国重要的国家发展战略，倡导中国更大程度地同“一带一路”沿线国家开展经济合作。与区域经济融合发展也是其重要的组成部分，“一带一路”倡议有助于国民经济开放水平的提高，营造稳定的外交环境，同时提高沿线地区和国家的经济发展水平。“一带一路”给我国的经济发展带来了巨大的机遇，为中国经济的全球化提供了规划指导和结构支撑。

一、“一带一路”倡议给区域经济融合发展带来的机遇

“一带一路”倡议涵盖区域涉及世界范围内的150个国家和地区，沿线国家产生的经济总量达到全球经济总量的30%，伴随着“一带一路”的推进，我国的区域经济以及世界区域经济都会迎来新的发展格局。从我国国内区域经济发展情况而言，“一带一路”倡议建设项目纵贯我国东部地区及西部地区，为东部经济带产业发展及西部经济带的发展建设提供了发展平台，为我国新时期的经济发展奠定了坚实的发展基础。如果说改革开放为我国沿海地区的经济发展打开了窗口，“一带一路”倡议的制定则为我国中西部地区的发展打开了门户，实现了我国中西部经济开发的新局面，为消除我国东部地区与西部地区存在的经济发展差异提供了新途径，也为我国经济结构的优化提供了新的发展契机。

从世界区域经济发展角度而言，我国外交政策一贯秉持“亲仁善邻”的发展理念，同时将经济发展的“开放合作”理念融合其中，利用我国的经济发展优势，也为沿线国家和地区的发展带来了新的发展机遇。虽然国际发展形势变幻莫测，但是各国经济发展的目标是一致的。国家经济总量的提升是社会民众生活质量提高的基础，在多变的国际环境下，为更多国际民众探索生存和发展的新型经济发展模式，中国发挥自身经济大国的引导作用，形成与沿线国家经济发展的共同成长机制，增强在国际社会的竞争力和抗风险能力，实现经济的共同发展。各国在政治体制、地域文化、自然环境及风土民情等社会、政治、经济等方面的差异，使其在经济发展过程中呈现不同的优势和劣势，国际区域经济合作能够使彼此实现优势互补，通过经济组织之间的沟通和交流，探索更多的合作方式，进而实现经济影响力的提升，通过“一带一路”实现国内、国际区域经济的协同发展。

二、“一带一路”倡议给区域经济融合发展带来的挑战

“一带一路”倡议涉及的国家、人口数量及经济总量等在世界范围内都是前所未有的，虽然给沿线地区的经济发展带来了重大的发展机遇，但是各地区的经济发展水平、民族文化差异及各地区外交政策的差异等因素，给区域经济的发展带来了重大挑战。我国一直秉持经济共同发展的目标践行各种经济利好政策，但是沿线地区和国家对这一理念的认知程度还尚未完全明了。有些国家积极响应我国的号召，大力开展各种形式的经济交流、沟通，以促进合作意向的形成，而有些国家却持观望态度。如果这一发展政策不能得到广泛认同，就会给很多建设项目的开展带来重大影响，从国际角度而言，如果个别国家的发展理念与“一带一路”的经济发展理念不能实现完全契合，便会对“一带一路”倡议的实施造成阻碍，甚至会对其他国家的发展和规划落实造成影响，一体化的发展格局更是无从谈起。从我国自身的角度而言，如果盲目上马经济发展项目，而对自身的发展基础缺乏充分的考量，就很容易造成经济决策制定的失误，进而造成地方经济发展资源的浪费。特别是对于中西部地区来说，本身经济资源十分有限，再发生浪费的情况无异于“雪上加霜”，会使后续的经济发展建设困难重重。

三、“一带一路”倡议与区域经济融合发展路径

国际之间的经济交流合作需要通过各种外交沟通促进规划的落实，我国也需要对“一带一路”倡议与区域经济的融合发展探索适合我国国情的发展路径。“一带一路”倡议基本涵盖了我国中西部地区的大部分省份，因而如何使这些地区与整体规划发展步调一致成为亟待解决的问题。

政府需要加强对中西部地区发展的政策扶持。我国中西部地区的自然资源和社会资源丰富，具有广阔的经济发展空间，国家以及地方政府应加强对中西部地区经济发展的政策扶持，使产业发展所需的政策环境、人才保障及金融融资环境等方面的需求都能够得到充足的保障。同时还要合理引导东部地区的经济发展资源逐渐向中西部地区转移和输出，使中西部地区能够对东部地区的经济发展经验加以借鉴，并摸索适合自身发展的经济发展之路。

政府应引导民间投资逐渐向中西部地区倾斜。中西部地区经济发展需要稳固的基础设施和发展平台作为保证，但是西部地区的基础设施建设及平台建设情况，相较于东部地区还存在较大的差距。政府应发挥自身的引导作用，引导民间投资向中西部地区倾斜，推进基础设施建设，在能够为地方经济发展服务的同时，提升地区民众的生活质量。

政府应充分重视中西部地区的生态建设和发展。中西部地区作为我国“一带一路”倡议的重点区域，自身的经济发展环境却不容乐观，产业结构有待优化，生态环境建设有待完善。地方政府需要正视自身生态环境的建设和完善，制定各种形式的人才培养政策，使中西部地区的青年群体愿意留在家乡、建设家乡，也要加大优秀人才的引入力度，使更多的社会青年能够借“一带一路”的机遇寻求适合自身发展的职业前景，进而使地方的经济发展能够具有稳定的人才基础。地方政府需要对自身的经济发展优势进行深入分析，以优化和调整产业结构。市场经济对商品的需求逐渐呈现多元化的发展趋势，只有挖掘自身的特色产品，才能实现自身综合竞争实力的提升，盲目跟随市场的发展趋势进行所谓“成功发展”的复制，很容易在自身发展的过程中出现“水土不服”的情况。只有立足自身，并对成功的经验加以借鉴，取其精华、去其糟粕，才能实现自身的持续发展。中西部地区的地方政府还需要加强生态环境建设，使地区发展环境更为舒适，实现经济发展和环境发展的共赢。

各地区政府应加强区域间经济合作。“一带一路”倡议不仅重视国际区域间的经济合作，同时也重视国内区域间的经济合作。各地方政府需要强化自身的政府职能作用，加强与各省份之间的合作和交流，将自身的经济发展优势与合作伙伴之间形成优势互补，增强政府的服务意识，致力于为社会民众服务、为地方经济发展服务、为全国经济发展格局服务，改变传统各自为政的工作理念，通过合作意识的强化形成国内的经济发展整体格局，将成功发展经验进行分享。应用经济发展平台融合发展思路、发表共同发展态度、交流解决经济发展问题，进而实现全国范围的共同发展、共同富裕。

“一带一路”倡议为我国的经济发展、为世界经济的发展提供了新机遇，合作共赢是“一带一路”倡议的本质目的，进行区域经济融合发展是实现倡议目标的基础。我国需要针对地区发展特点，通过加强对中西部地区自身发展的政策扶持、引导民间投资逐渐向中西部地区倾斜、充分重视中西部地区的生态建设和发展等措施，推进区域经济融合发展。

第三章　区域经济模式

第一节　我国区域经济发展模式

一、我国区域经济发展模式现状

我国国土面积为960万平方千米，东西和南北的跨度都较大，不同地区在资源、交通等方面有着一定的差距。所以，在不断发展过程中，不同区域的经济存在一定的差距，因此需要根据特殊的地理环境来规划相应的区域经济发展，只有这样才能让各项政策更为贴合实际情况。中国广阔的地理环境决定了不同的行政区划、地区间的经济发展也受到政府的区域经济发展政策的影响。在这种情况下，中国区域经济发展模式在历史发展中也呈现出特殊的区域性和时代性。

（一）苏南模式

苏南模式是指常州、苏州和无锡地区的经济发展模式，它在一定程度上反映着民营企业发展对经济发展的促进作用。例如，在苏南地区我国首先推行了乡镇企业建设，利用企业来带动农业和工业的发展，通过鼓励企业的建设来提高经济的活跃性。在高度集中的计划经济时期，苏南的农村地区能够依托地方政府机构对经济资源进行自主管理，在农村集体产业高度统一的制度框架下，成功推动农村工业化进程。

江苏苏南模式下的苏南农村工业化是简单产业转移的首例表现。当时乡镇企业在发展过程中购买了大量工业设备，但是这些都是被市场淘汰的设备，因此，在生产的过程中也出现了诸多问题。首先，整体产品的技术含量较低，在市场上不具备较强的竞争力。另外，过时设备产品进入同构化，产业升级、结构调整困难。其次，工业劳动力素质低下。乡镇工业企业的职工基本上来自农村，文化程度不高，缺乏行业技能和自主创新的能力。农民办工业的初期启动成本比较低，通常采用集体建房方式，成立规模较小的企业，集约化程度低。随着国内市场化进程的加快，资源配置从计划分配转变为市场配置，乡镇企业租赁机构也越来越依赖政府，大大降低了原有制度的效率。但是经过一年的时间，江苏乡镇企业实现了大规模的产权制度改革，将企业与政府之间的控制权进行了调整，从而摆脱了制度的低效率。乡镇企业通过拍卖转让、租赁管理、并购、股票买卖、离散破产、集体资产存量转换等一系列举措，吸引企业干部职工入股，推进外向型发展战略，进一步深化产权移植，并引进和利用海外资源，推动区域经济发展的国际化。

（二）温州模式

温州模式是一种小商品经营模式，是商品的具体操作和具体组合，从而形成小商品、大市场的格局。小商品的多样化使温州的商品生产极具特色。在改革开放前，温州地区工业基础较差，农村集体经济实力不强；除此之外，地方经济的直接作用不突出，农民人均耕地较多，只能以养殖为主。温州地区以人力资本知识外溢性促进了市场经济发展，温州地区经济制度改变始于微观经济主体中家族企业的开始，家族企业的产权相对清晰，产权界定明确，使得所有者向后人转移，加强了家庭作为一个社会单位的作用，具有较大的积极激励作用。此后，家族企业在企业和政府的游戏过程中形成了一大批“红帽子”，寻求法律保护，从而减少了“非法”造成的交易成本和效率损失。但是在后续发展中，由于市场竞争日趋激烈，相应的弊端也暴露出来。正是因为监督机制的缺乏，导致在温州模式发展的过程中出现了较多假冒伪劣现象，因此整个地区陷入了信任危机。在温州地区制度变迁之初，新一轮的股份制合作替代了资本市场和人力资本市场，促使市场交易成本内部消化。

（三）浦东模式

该模式具有典型的外生特征。浦东是中国与世界贸易交流的重要区域之一，其发展方式是面向国际市场的外向型经济。改革开放之初，国内市场处于卖方市场，早期发挥市场惯性的优势，提高了浦东轻工业在卖方市场的影响。但是在缺乏改革压力和动力的情况下，与卖方市场交易的买方市场逐渐走向平缓，由于长期计划经济体制下新兴产业体系的惯性，市场化改革的难度增大，因此，21 世纪下放权力的政策并没有使市场的主体被国有企业取代。随后，按照现代企业制度的基本要求，在全面振兴国有经济的基础上，国有企业发生了很大变化，国有企业和其他所有制企业已经成为旺盛的市场主体。不断建设和逐步完善的多元化经济发展模式、高要求的市场体系，使上海浦东成为具有生产、管理、服务、创新功能的国际经济中心城市。浦东的开放和发展，是大量利用外资，并在制度创新、产业升级、扩大开放、政府强势发挥示范的辐射带动和引领下走在了全国前列，通过优越的地理位置和丰富的经济基础，结合原有的经济地位，对租船制度进行了安排，带来了庞大的租金收益。

（四）长三角、珠三角模式

长三角和珠三角是我国经济发展的驱动者，经济活动频繁且十分活跃。长三角是以上海为中心形成的城市群。长三角城市资源共享、相辅相成。近年来，安徽、山东、江西等一些城市已经融入长三角。珠三角由“小珠江三角洲”扩大到“大珠三角”。在后续发展中，由于重视教育和人才引进，长三角和珠三角的城市发展有人才支持，这使区域经济的发展更加协调。深圳原来是在香港“前店后工厂”的基础上发展起来的。近年来，深港面临着经济转型的紧迫任务，提高了香港金融贸易的国际竞争力和港口服务优势，深圳在发展制造业中重点加强与香港在物流和财政方面的合作。广州是辐射华南的大都市，主要以汽车、电子、石油和化工为支柱产业，这是佛山光复经济圈的一部分，实现错位发展。东莞持续推动制造业高质量发展，特别是在物流、工业方面加强与香港的合作。

长三角和珠江三角洲在调整产业结构中逐渐形成产业链和产业集群，利用现代化的网络提升发生速度与集中化程度。近年来，广东投资 1 亿元，正式启动以广州为中心的快速轨道交通网络。高速交通的建成连接了三角洲城市的骨架，提升了城市群的整体形象和商业效益。同时，在人才、教育、科技等领域逐步走向融合。长江三角洲地区两省一市人事部门联合签署了“长三角一体化人才发展联合宣言”，有效推动了当地的人才培养，能够为经济的发展注入源源不断的动力。上海和江苏已经签署了教育合作意向书，通过交替举办“江苏教育论坛”来推动素质教育资源共享，加强高校毕业生就业合作的研究合作等。

二、我国区域经济发展模式问题分析

根据区域经济发展模式对梳理和分析地方实践具体特点的历史演进，可以看出区域经济发展战略的重要性和复杂性，因此，从某种程度上说，区域经济发展不应该只是一个虚无的指标，它需要提前勘探宏观政府区域发展战略并对各地发展实践进行指导，这样才能使经济取得更好的发展成绩。但是，由于个别区域经济发展的不确定性，在实施过程中不可避免地出现了许多新问题，这些问题的出现又回到了我们区域发展模式的宏观战略上，为了更有效地指导实践，需要促进其逐步改善和提高。

（一）我国以往区域经济发展战略的局限性

我国国土面积较为广阔，为了有效推动经济的发展，首先要进行区域经济的发展，以这种非均衡的战略来进行有效协调，进而带动周边经济的发展，这为我国的经济建设提供了巨大帮助。均衡的区域经济发展与非均衡的区域经济发展有着各自的利弊，具体体现如下：

首先，为了解决中国区域均衡发展战略不平衡的问题，国家进行了资源协调，虽然对于特定区域的经济发展起到了帮助，但是抽调资源的地区也受到了制约。对于落后地区而言，工厂的搬迁与物资的转移能够为经济的发展提供初始的带动，然而这种资源调配的方式却不能从根本上解决问题。对落后地区的补贴虽然在一定时期内解决了这些地区的问题，但经济发展体制和地方产业缺乏等问题没有解决，落后的经济水平没有获得改善，所以地区之间的经济差距仍然很大。

其次，梯度发展理论是不平衡发展战略的理论背景。非均衡的战略能够实现国民经济的总体提高，但是经济在发展的过程中也会出现其他的问题。一是区域经济表现出明显的不平衡。二是扩大区域经济发展差距和区域经济结构趋同，损失区域分工利益，降低资源配置整体效益。由于产业布局分散，规模经济在经济发展中的集聚并没有得到体现，如 1980 年社会总产值、国民收入和农业总产值年均增长率数值指标分别为 16.1%、14.6% 和 16.1%。在后续建设中，虽然经济建设有一定的偏重，但是区域经济的整体发展速度逐步放缓。三是增加垄断部门和地方保护主义，阻碍生产要素流动，造成分散格局和大规模重复建设。

进行区域经济发展能够为社会经济注入活力，在一定程度上缩短了区域经济之间的差距，但是这种方法当前仍在逐步地完善中。在选择路径上还有很多不明确的地方，没能选择真正的市场经济。

（二）现阶段三种典型区域经济发展模式的弊端

随着经济全球化的不断发展，国内经济为了适应国际发展的趋势，进行了多种战略的调整，当前国内的贸易受到世界经济的冲击和挑战，因此，开始大力发展区域经济，希望可以借此缩短区域间经济的差距，进而刺激市场的活力，推动整个国家经济的发展。但是从具体情况来看，不论是苏南模式还是温州模式和浙江模式，区域经济的发展当前都处于探索阶段，虽然有政策的保护和支持，但是在持久发展中仍然缺乏战略规划。也正因为如此，出现了区域经济发展不平衡的问题，导致贫富差距仍在拉大。

一是区域经济发展在一定程度上进行了区域封锁，所以很多资源协调存在困难，导致发展存在稳定性的问题。在进行区域经济发展时，存在自由贸易的限制，很多现代化的技术无法流入，因此发展缺乏长久的动力。近期相对高效的发展产业结果不仅导致了不同地区之间的封闭市场，而且导致了地区之间不平等竞争的扩大，区域经济差距不断扩大，可持续发展与区域经济的矛盾更加突出。如果这些地区长期关闭产业布局格局的发展将持续，发达与落后地区经济技术水平的差距将继续扩大，利益矛盾突出，区域经济协调困难。

二是区域产业建设缺乏特色，同质化较为严重。随着改革开放浪潮的积极推进，全国各地都在大力发展新兴产业。但在项目进行过程中，往往只注重项目的效益，忽视自身的特点和条件，因此，在我国重复建设中一些地区争相引进外资开放优惠政策，争相降低对外贸易的价格，造成过度或恶性竞争，地区间的联系甚至低于国际联系。但我国仍存在严重的产业同质化现象，其加速了地区间经济差距的扩大，特别是地方政府加大了西部地区经济发展的压力，迫使部分地区超额投资，生产能力低效导致区域产业结构趋同化加剧。

三、区域经济发展模式弊端出现的原因分析

区域经济的建设大多有保护主义，这在一定程度上为其发展提供了便利性，但是在长久规划过程中，没有结合自身的特色，建设产业结构存在同质化的问题，这就使地区盲目跟风，经济效益提高缺乏持久性。而且，政府部门在发展区域经济发展方式上也倾向于关注经济利益。总而言之，中国地区差距扩大的原因是多方面的。

（一）区位与政治因素

区位差异。我国在进行经济建设时采取了梯度推进的策略，根据不同地区的特色逐渐开放，如长江三角洲、环渤海地区、珠江三角洲等，借助其区位优势进行经济发展。然而在进行发展规划时忽略了开放地区与接壤国家的经济水平差异，这就导致相关的带动性不够强。特别是对于西部地区而言，在进行开发时，未能有效地将网络和交通融入其中，所以当地经济的发展大多依托政府保护与政策支持，缺乏自主的发展模式，这也在一定程度上造成了发展速度较缓的问题。

政策因素。在改革开放之前，中国经济存在东西部分化，因此需要均衡的发展战略，这个发展战略依托生产力均衡分配和建立比较完整的区域经济体系这两个理论支柱，从而加快少数民族地区的经济发展。在这个平衡的发展战略上，中国要改变东方和中西部差距以及历史上的经济发展差距，执行了西倾的区域经济发展政策，加大对西部地区建设和工业化投入，形成了许多新兴产业基地，经济发展较快，在一定程度上均衡了经济的发展。在改革开放后，中国以非均衡的方式发展区域经济，发布了多个东部地区经济发展的政策。非均衡发展战略两大支柱的基础理论是非均衡布局和区域土地分割原则的生产力，它们倡导投资环境、社会资本良好，而东部地区经济发展较快，可由东向西梯度发展。在优惠政策方面，国家只开放东大门，开放政策试验区，如经济特区、开放的沿海城市都集中在东部沿海，地方政府对东部地区的经济自主权更大，在财政、税收、

外资和外贸等方面给予了大量的黄金优惠政策。因此，东部地区的经济在各种因素的支持下获得了高速发展，西部和中部地区却在一定程度上滞后，导致不同区域间的经济差异逐步拉开。

（二）环境层面的文化意识和思维差异

中国被封建文化统治了两千多年，这使小农自然经济意识根深蒂固，特别是在相对孤立的中西部地区，居民普遍缺乏进取精神。这些表现为企业家精神冲动薄弱，轻易满足低风险容忍，不能承受更大的困难和挫折，不愿冒险独立生产，有很强的依靠思想和观念，不易接受新的生活方式和生产模式等。受这种传统观念的影响，人们的各种经济行为与市场的发展出现了矛盾，导致区域经济的发展陷入某种瓶颈，不再适应市场的激烈竞争。特别是投资环境方面，人们受到的传统约束较大，极大地影响了资金技术和人力资源的投入和效益，发展区域经济缺乏动力，因此难以摆脱落后的状况。

四、推动我国区域经济发展的策略研究

（一）制度创新，实现区域经济发展

在市场经济的大环境下，政府职能转变是新一轮改革的中心和重点。地方政府要加快向服务型政府转变，行政区域政府要树立新的区域观点，把经济区域一体化作为地方发展的战略目标。中国的改革进入了一个新的关键阶段，政府管理体制改革是当务之急。所以在当前阶段需要进行制度的创新，敢于突破传统的约束，大胆进行经济建设，只有这样才能进一步推动区域经济的协调发展，同时帮助政府行政机关进行职能的转变，充分利用社会资源。特别是在经济全球化背景下，市场经济瞬息万变，想要适应这一局面就要采取创新的策略，结合区域的实际情况，敢想敢干，这样才能为区域经济的发展注入活力。

（二）长期规划和完善制度，实现可持续发展

中国是一个发展中大国。尽管资源总量位居世界前列，但是从人均资源，特别是稀缺资源来看，却是一个资源小国。另外，中国的自然生态脆弱，自然灾害频发。这样的基本国情决定了发展是首要任务，这个发展必须是可持续的。现在我国正处于社会主义建设的初级阶段，工业化起飞阶段的发展特点决定了资源环境问题的必然性和长期性，这使资源环境面临前所未有的挑战。基于这一问题，我国在进行区域经济发展时必须立足可持续发展的角度，从绿色发展和环保发展两方面入手，不再追求眼前利益，而是实现经济发展与环境保护的协调，只有这样才能让区域经济的发展更为持久。从多年实践

的经验来看，科学发展与可持续发展才是推动经济的有效措施。所以在后续发展规划中，政府要合理引导，坚持可持续发展战略，同时鼓励现代化的高新技术企业，完善相应的政策补助制度。另外，还要转变相应的观念，通过宣传来倡导绿色发展与环保发展。当然，这还需要相应的法律法规来明确责任与义务，让企业树立正确的发展观念，处理好经济增长与环境保护的问题，实现发展的可持续性。

（三）改变经济发展方式，提高投资效益

我国经济发展方式存在投入高、消耗高、污染物排放高，但经济效益低的矛盾问题。实现经济又好又快发展，应走出一条资源节约型和环境友好型发展道路，转变经济发展方式，着力发展循环经济，提高资源利用效率，促进经济增长由资源依赖、依靠更多投入逐步转向依靠科技进步和人才，以此来实现经济又好又快发展，减少资源消耗和破坏生态环境。在转变经济发展方式的过程中，要更加注重提高投资效益，突出投资重点，进一步调整和优化投资结构。经济发展方式必须科学合理，这样才能以最小的资源输入获得最大的经济回报。当前我国正致力于优化投资，实现产业的转型，所以在区域经济发展的过程中要不断贯彻落实这一政策，鼓励技术含量较高、能耗较小的企业项目，大力发展新能源技术产业，这样不仅能提高投资的效益，也可以使经济发展的方式更为科学合理。

改革开放40多年来，中国区域经济结构调整取得了明显成效，区域经济发展初步实现了预定目标，但是仍然存在一定的问题，这也是导致当前区域经济发展陷入瓶颈的主要原因。因此，各个地区应针对目前实际经济结构调整中存在的问题，认真落实党的十九大精神和十九届五中、六中全会指示，抓住机遇，继续实施促进经济结构优化调整的措施，加快实现经济发展方式的根本性转变。在区域经济优化模式方面，不仅要根据自身实际，还要坚持传统产业转变和推进优化的原则，不断推动产业的转型，加快现代化企业建设的脚步，努力缩小区域经济发展的差距，这样才能让经济发展更为科学与长久。

第二节　区域经济一体化模式

为了促进本国的经济增长，推动区域经济一体化的进程已然成为一种潮流。到目前为止，中国参与的区域经济合作形式有亚太经合组织、中国—东盟自由贸易区及上海合作组织等。积极参与各种区域经济合作组织，将会为本国的经济发展带来更大的空间。然而，各种经济一体化组织并非都只有正面影响，组织不同带来的影响亦不同。有的对

成员国的经济和贸易的发展具有积极作用，但有的也会带来一定的消极影响。因此，研究一体化各模式的特点以及对如何选择经济一体化模式进行全盘考虑势在必行。

一、区域经济一体化的概念及特点

经济一体化在最近的二十几年时间里发展速度很快，特别是区域经济一体化，已然成为国际经济的潮流。所谓的区域经济一体化，即两个或多个国家或关税领土，在现有生产力发展水平和国际分工的基础上，通过协商缔结条约，建立多国的经济联盟。在此联盟区域内，商品、资本和劳务能够自由流动，不存在任何贸易壁垒，并拥有一个统一的机构，来监督条约的执行和实施共同的政策及措施。也就是以某种协议为基础，在某些特定的经济领域实施统一规则，并有效整合。

由此可见，该定义有以下实际意义：

一是区域经济一体化的模式建立主要是基于某些经济领域、关税领土之间所指定的某种统一的规则，并在此之上建立相关的机构、构建一体化模式。其机构的设置、功能、数量，以及主要的运行模式，在其经济领域或关税领土间实施的规则都需要所有成员商议决定。

二是区域经济一体化的主体是某一区域内具有一定政治、经济、军事联系的国家、经济领域或关税领土。

三是区域经济一体化的实现依赖于规则的生效，而不仅是单一的统一规则。因此，既需要一个相关的机构或指定相关的机制来监督规则的执行情况，也需要各成员积极、自主地遵守规则，同时也有义务督促其他成员。

区域经济一体化的最大特点是从实际上取消了各国家、经济体或关税领土间原有的贸易壁垒。这样，就能有效地扩大成员之间的市场，随着市场规模的扩张，市场竞争也就日益激烈，激烈的竞争使高利润的产品更容易脱颖而出并产生规模效应，从而形成良性循环，有效促进成员的经济发展。同时，日益扩大的市场需求也增加了许多非成员国家或经济体的机会，从而大范围地带动经济发展。

二、区域经济一体化的几种模式

（一）欧洲模式

欧洲是最早的经济一体化组织诞生地，因此，以欧盟为代表的经济一体化欧洲模式一直是区域经济一体化的经典之作，该模式对日后产生的各种经济一体化组织都产生了深远的影响。“同心圆欧洲”，这是由前欧共体委员会主席德洛尔提出的。也就是以欧共体国家为核心，除了与邻近的发达国家进行经济合作之外，也同时将合作圈子逐渐扩大，使发展中国家和地区也逐渐加入这个同心圆中，这样，欧共体国家和其余发展中国家和地区的经济合作也逐渐增多，形成以欧共体为圆心的一个个“同心圆”。这个“同心圆”使欧共体与发展中国家和地区之间的联系更为紧密，一步步建立起一种跨区域的经济合作关系。

该模式的基础是法制。最初的欧共体组织就包含了各类完善的具有立法、执法功能的超国家机构，以及独立且完备的欧共体内法律体系。除此之外，还有一套用以保障规则实施和争端解决的机制。另外，欧共体的法律至上原则是适用于成员国的所有包括宪法在内的法律的，因此，欧共体法律与各成员国宪法之间的关系也成为一个敏感话题。

（二）北美模式

与法律至上、超国家机构完备的欧共体相比，北美模式显得相对柔和。北美自由贸易区的建立基础是北美自由贸易协定，这一模式在强化规则的同时，弱化了机构的力量。北美自由贸易区并没有一系列的具有立法、执法、司法功能的超国家机构，只有一些以成员国之间平等合作为前提的机构，其成员国之间的关系以贸易伙伴为主，导致该模式下的体系结构比较松散。北美自由贸易区也没有形成成套的章程或管理制度，只在贸易规则上具有较高层次的规则精确性，成员国有自主制定区域性协调政策的权利，其目的是有效地促进国家间的贸易往来。美国依赖经济实力上的绝对优势，在北美自由贸易区的各成员国相互关系上自然而然地成了核心成员国，以纵向合作为主，以产业链为基础，分工合作，联系紧密。

该模式下的自由贸易区是个跨越了关税同盟的组织，它弱化了组织机构，所设立的自由贸易委员会、秘书处、专门委员会、工作组和专家组都不具有立法和司法权，其权力仅仅集中在督促实施规则和解释各种自由贸易区的制度上，其目的是服务而不是管制。

（三）亚洲模式

亚洲各国家间在经济基础、国际地位、人文、政治等多方面都有非常显著的差异性与多样性。因此，相比北美模式，以东盟自由贸易区为代表的亚洲模式，具有更加松散的组织结构。其各成员国之间的合作更加平等，淡化了具有强制效力的法律，而是在各种决策与争端上都寻求协商与一致。从 20 世纪 60 年代开始，东盟的组织机构便逐渐完善起来。如今，东盟的组织机构主要包括东盟首脑会议、东盟部长会议、东盟经济部长会议、东盟经济高管会议、东盟自由贸易区理事会议、秘书处六个部门。但其机构设置依然算不上健全，东盟并没有专门的决策机构和司法机构，而且根据争端协商原则，决策机构和司法机构在很长一段时间内也不会设立。东盟的法制化程度远远不及欧共体和北美自由贸易区，法律体系不完善、规则不够具体、争端解决机制疲软，对法律效力的层次也没有一个明确的界定。

与东盟自由贸易区相比，亚太经合组织（APEC）是一个更加自由的一体化组织，它只设一个秘书处，除了管理财务外，主要功能是联系和协调各方面的活动，没有严格的法律约束，也没有超国家的管理机构，成员之间的经济合作形式更加松散。和北美自由贸易区一样，APEC 也是以纵向合作为主，形成分工互补的产业链，合作关系紧密，也更有利于各差异性显著的国家发挥自身所长，从而带来更大的经济利益。

三、对于几种模式的分析及思考

自由贸易区是区域经济一体化模式中最常见的形式，其优点在于运行机制相对开放，成员之间通常以协商的方式来通过决策、解决争端，这样的一体化组织在内部密切合作的同时，也能够灵活地实现对外合作。相比之下，欧盟的法律至上机制所带来的便是相对封闭性，欧盟的成员之间以消除贸易壁垒、开放市场为前提带来更大经济利益，约束效力过大、约束条件过多，便会限制欧盟与非成员国的合作。但超国家机构的设立、严密高效力法律的制定，带来的是高运作效率以及成员国利益的最大化保障。欧洲模式开放性不足，并不能最大化地满足各成员不同的利益需求，因此，该模式所需要的，是成员间价值观的高度一致性，甚至经济、政治、人文等方面的一致性，其差异性越小，这种一致对外的方式便越有效。然而北美国家、亚洲国家间的差异性都非常显著，并不适合这种方式，因此需要寻求一种结构更为松散、机制更为灵活的一体化方式。

区域经济一体化是经济全球化的必经之路，它能够有效地促进相近的经济体间的贸易往来，形成优势互补，减小成本，取得较大的经济利益。随着中国经济的增长，与其他亚洲国家的经济实力差距越来越大，因此，中国更适合高度灵活的一体化方式，并应当重点寻求纵向合作，在产业链上形成分工，以适应不断拉大的实力差距。

第三节 东盟区域经济合作发展模式

一、东盟区域经济合作现状

2000年，在第四次中国—东盟领导人会议上，中国政府首次提出了建立“中国—东盟自由贸易区”的设想，并致力于建立并推动其不断发展。2002年，中国与东盟达成并签署了《中国—东盟全面经济合作框架协议》，标志着中国—东盟自由贸易区建设的正式启动。经过20年的发展，中国—东盟自由贸易区经历了初期建设、更新升级等历史性阶段，双方在经贸合作、贸易往来等方面都取得了长足的发展和可喜的成绩。

自2002年中国与东盟自由贸易区建设启动后，不仅有效促进了中国和东盟成员国之间的贸易往来，还显著扩大了这些国家的进出口贸易规模。中国的对外贸易总额占世界总额的比重从2002年的4.75%，到2016年升级版贸易区生效后的11.53%，实现了跨越式增长。双方的进出口额和占世界贸易总额的比重均在不断增加，服务贸易也得到了进一步发展。

随着中国—东盟自由贸易区合作的不断深化，中国已连续多年成为东盟的首要贸易伙伴。而中国与东盟的整体双边贸易额也在不断快速增长，东盟已经成为超越日本、仅次于欧盟与美国的中国第三大贸易合作伙伴。自2016年升级版自由贸易区协定生效后，中国—东盟自由贸易区在货物贸易、服务贸易、投资发展、经济技术合作等方面都取得了进一步的发展，中国—东盟自由贸易区又跨入了新的历史发展阶段，不断创造着新的成就。

在取得成绩的同时，不可忽视的是，中国—东盟自由贸易区在发展过程的不同阶段也遇到了不同的困难和阻碍。中国—东盟自由贸易区成立初期，正是东盟各国遭受经济危机严重打击的时期，多方都经历着非常困难的国内外局面。随着贸易区的进一步发展，经济发展状况的不平衡，也带来了新一轮的信任危机。历史积怨和领土主权争端、东盟成员国内部动荡的政局和宗教信仰不同带来的民族宗教差异，都给中国—东盟自由贸易试验区的发展带来了新的摩擦与矛盾。

二、东盟区域经济合作发展模式中的制约因素

随着中国—东盟自由贸易区的进一步发展，在多边合作中也凸显了一些影响东盟区域经济合作发展的制约因素。

（一）东盟一体化建设进程不足

由于自然、地理和历史的共同影响，东南亚各国有着多样化的宗教背景、独特的历史文化和不同的政治制度和环境。各成员国之间经济发展水平存在显著的差距，不可避免地带来了区域内的斗争与矛盾。悬殊的差异带来了区域间的不稳定，领土纷争、资源开发争夺战等隐患频出。另外，东盟国家自身领土面积较小、资源非常有限，导致其较多地依赖外部市场。这也在一定程度上影响了东盟国家间发展的协调性，影响着中国—东盟自由贸易区的经济合作水平。东盟一体化建设的进程不足，是制约东盟区域经济合作发展的因素之一。

（二）成员国间经济同构，仍然存在竞争

中国—东盟自由贸易区共由“10+1”个成员国组成：文莱、印度尼西亚、马来西亚、菲律宾、新加坡、泰国、柬埔寨、老挝、缅甸、越南 10 国和中国。其中，仅有新加坡属于发达国家，包括中国在内的其他国家均为发展中国家，各国经济发展水平比较有限。从国家经济结构的角度来看，这些东盟国家大多以劳动密集型产业为支柱产业，劳动力是其主要的竞争优势，这就存在着被机器等先进生产力或更低廉的劳动力替代的可能性，容易面临威胁。这些国家间经济结构相近，无形中也增加了各国之间的竞争。在吸引外资方面，在相近的经济结构下，哪个国家的综合实力更强、议价能力更高，就会在很大程度上成为其能够得到外商投资的决定性因素。11 个国家经济发展水平的不平衡，导致吸引外资的能力和金额存在差距。此外，零关税贸易政策生效后，农产品出口方面也多多少少给成员国中某些国家带来了冲击。

（三）中国与东盟经济合作中的大国博弈问题

世界形势错综复杂，东盟自由贸易区也不可避免地成为世界大国角逐的平台，在美国、日本等国家纷纷借力自贸区后，如何在大国间的战略较量和利益博弈中不处于劣势，是我国需要平衡的突出问题。而对于东盟各国来说，在经济合作中还需要考虑如何在大国博弈间保全自己并巧妙地借他人之长处为己所用。在区域经济合作组织中，大国博弈也是影响其发展的制约因素之一。

（四）东盟各国对“中国威胁论”的担忧

自改革开放以来，中国已从 2012 年起超越日本成为世界第二大经济体，中国的快速发展引起了各国的关注。自从 2001 年，中国成功加入世界贸易组织后，中国经济进一步腾飞，在与东盟的竞争中，吸收了大量投资，中国制造和中国商品也凭借其低廉的价格和较高的质量迅速涌入东盟市场。中国经济规模增大及军事力量的增强，使东盟国家乃至亚洲各国都感受到了不断强大的中国带来的“威胁”。日益强大的中国和被别有用心政客鼓吹起的“中国威胁论”使东盟各国感到不安。

三、东盟区域经济合作健康发展的对策

（一）协调区域内成员国关系

现阶段，东盟贯彻着新加坡提出的“大国平衡”战略，旨在集各大国之长来维护东盟的和平、稳定与繁荣。东盟各国在安全方面期待于美国，在经济方面依靠日本，在政治上一度靠近中国。促使东盟区域经济合作的健康发展，协调与平衡区域内各成员国关系、区域外各世界大国间的关系，是东盟区域经济合作组织健康平稳发展的基石。作为东盟区域经济合作组织中的大国，中国要致力于与其他国家开展多边合作，协调并拓宽发展合作势头，进一步推动中国—东盟区域经济合作的快速发展。

（二）创新推动经济产业结构调整

为充分发挥中国—东盟自由贸易区的竞争优势，中国应致力于推动东盟成员国的产业结构调整和国际分工合作，坚持产业结构调整要与国家国情、比较优势、贸易和投资结构相适应的原则，充分发挥各国的比较优势，构建多层次、多样化的产业结构。此外，加快发展区域内金融体系也是不可忽视的重要措施之一。中国应继续加强与东盟各国金融当局的双边或多边交流，进行积极有效的政策沟通，通过代理、结算、贷款、汇率等多种途径、多种方式开展合作，积极维护多边金融稳定。

（三）不断增强双边政治互信和沟通交流

为进一步提高中国和东盟同盟国间的经济合作，国家间应致力于通过多种方式全面加强了解，增进信任。双方要充分利用“10+1”领导人会议、东盟地区论坛、中国—东盟联合合作委员会以及中国—东盟博览会等一系列对话磋商机制，积极就双边关心的政治、经济、安全等重大问题展开交流与对话。着力推进与东盟区内各国文化、教育等意识形态领域的交流，通过文化层面的沟通消除疑虑与误解，为中国和东盟的全面经济合作营造良好的政治氛围，创造更多的机遇，不断增强双边政治互信和沟通交流，化解矛盾，增强信任，为良好健康的合作打下坚实的基础。

（四）增强社会文化和民间交流

社会文化互通和友好的民间文化交流可以消除误解，提升贸易区内各国人民的信任度和理解度，双方互利互信是促进中国—东盟贸易区健康稳定发展的基石。应做好宣传工作，积极宣传贸易区及相关合作，增强各国人民对贸易区内工作的支持和了解。此外，还应积极推动多边的文化产业合作，鼓励人民进行文化交流，深化各国人民在文化、语言、艺术等领域的民间互通，通过培训、旅游、对外文化交流等多种形式，增强社会文化和民间交流，提升理解与信任，稳固双方的友好关系。

第四节　区域农业循环经济发展模式

长期以来，我国农业依靠传统的耕种方式，这种传统模式效率低下，面临着环境污染、生态破坏、资源浪费等严重问题。面对这种严峻形势，循环经济被提出并逐渐发展成为一种新型的资源利用模式，这种循环经济应用于区域农业方面，也将成为解决当前农业发展面临的问题的重要方式。农业与自然生态环境紧密相连，循环经济的引入，更强调了将农业发展融入自然中，从而推进农业产业的整体协调发展。

一、农业循环经济概述

（一）农业循环经济的概念

当前，国内学者普遍认为农业循环经济是运用可持续发展思想和循环经济理论与生态工程学的方法，在保护农业生态环境和充分利用高新技术的基础上，调整和优化农业生态系统内部结构及产业结构，提高农业系统物质能量的多级循环利用，严格控制外部有害物质的投入和农业废弃物的产生，最大限度减轻环境污染，使农业生产经济活动真正纳入农业生态系统循环中，实现生态的良性循环与农业的可持续发展。

（二）农业循环经济的主要特征

农业循环经济主要有两大特征：一是物质循环利用，即通过“资源—农产品—消费—再生资源”的循环模式，把废弃物重新纳入农业经济生产循环之中，实现资源再生和物质循环利用；二是资源再生与废物零排放，循环经济注重物质与能量的循环流动和对外部环境负面影响最小化，实现资源再生和废物零排放是农业循环经济的主要追求目标。

二、区域农业循环经济的发展模式

区域农业循环经济发展模式主要是根据分工原则，以区域资源优势为导向，以特色农产品和主导产业为中心，打通第一、二、三产业之间的联结，实施以发展生态农业为主的区域型循环经济发展模式。当前实践中比较成功的区域农业循环经济发展模式有都市型循环农业模式、城郊型循环农业模式、农区型循环农业模式、农林牧渔相结合循环发展模式及立体开发循环利用模式。都市型循环农业模式主要分布于大都市郊区，这种模式可以利用大城市优质的资源和高端的消费市场；城郊型循环农业模式主要分布于中小城市郊区和大都市的远郊区；农区型循环农业分布于华北平原；农林牧渔相结合的循环发展模式分布于江南水乡，这里可以利用得天独厚的自然条件将农林牧渔结合在一起，发展循环农业经济；立体开发循环利用模式主要分布于山区，这些地区根据海拔的不同来安排不同的作物，实现循环利用。由此可见，区域农业循环经济的发展也要根据不同地区的自然环境特点，因地制宜地选择合适的模式，以实现可持续发展。

三、区域农业循环经济发展的必要性

（一）缓解农业发展矛盾的需要

发展农业循环经济是缓解我国农业资源约束的根本出路。我国虽然国土范围广阔，但是可供耕种的土地较少，且人均耕地占有量较少。另外，我国的淡水资源较少，人均水资源占有量仅为世界人均水资源占有量的四分之一，水资源时空分布不均等严重制约着我国农业的发展。当前，随着环境压力的不断增加，大规模增加投向农业的资源是不现实的，根本方法在于改变传统的发展模式，发展循环经济，实现资源利用的最大化。

（二）保护农业生态环境的要求

改变农业污染的现状，保护农业生态环境要求发展农业循环经济。当前，我国农业生态环境不断恶化的趋势并没有根本改变。相关调查显示，当前尤其是在偏远的乡镇企业中，设备落后、工艺水平差，在生产过程中不注意保护环境，直接将“三废”排向农田，严重污染了农业生态环境。当前情况下，只有大力发展农业循环经济，推行清洁生产，才能从源头上杜绝对农业生态环境的污染。

（三）提高经济效益的要求

发展农业循环经济是提高经济效益的重要举措。当前我国的资源利用效率较低，与国际先进水平存在较大的差异，资源利用效率低下主要表现在资源产出率低、资源利用率低、资源循环利用率低。从整体上来说，我国的资源利用效率与世界先进水平存在较大的差异。在今后的发展中提高资源利用效率，才能不断提升我国的国际竞争力，大力发展农业循环经济也是我国今后提高农业经济效率的重要举措。

四、我国区域农业循环经济发展的现状

（一）我国区域农业循环经济发展的现状

当前，我国国内环境问题日益严重，农业发展面临巨大挑战，国家及相关科研技术人员在农业循环经济方面的投入不断加大，取得了很多成功的案例。例如，江苏省为了推进地区农业的发展，提高农业资源利用效率，率先建立了生态农业示范县，并取得了

良好的成效；部分地区推广了户用沼气利用模式，通过废物的再利用减少了污染，提高了农业效率。另外，浙江省、安徽省等地也逐步建立起了完善的循环经济模式。在推广方面，部分大中城市通过定期举行农业展览会来宣传和推广农业循环经济。

（二）我国区域农业循环经济发展面临的问题

虽然近年来我国的农业循环经济取得了一定的效果，但是仍存在许多不足：农业循环经济体系不完善、部分地区生态农业意识薄弱、地区发展水平具有较大差距。首先，农业循环经济发展模式在我国提出较晚，发展历程较短，相关体系建设不健全。尤其在立法工作方面，仍处于由理论到实践的过渡阶段，并没有建立起完善的农业循环经济法律体系。在财政和科技支撑方面也相对欠缺，虽然近年来财政支出倾向于地方基础设施建设，但是在支农方面，财政支出的比例却在不断下降。科研与农业实践的结合不够紧密，对于农业循环经济的研究多数处于理论状态，与实践脱节状态严重。其次，受制于传统的农业经济思想的限制，人民的循环经济和生态保护意识相对薄弱，并没有深刻认识到循环经济对今后生态及经济发展的重要性，农民和企业并没有养成自觉减少排污和保护生态的意识，这对于区域农业循环经济的发展极为不利。最后，我国农业循环经济发展地区间不平衡，区域农业循环经济发展模式在东部沿海发达地区得到了很好推广，然而在中西部落后地区仍在沿用传统模式；大中城市循环经济取得了良好的效果，落后的农村地区农业循环经济并没有得到很好的推广。

（三）我国区域农业循环经济发展的方向

区域农业循环经济在今后的发展中应注重以下几方面：首先，应完善我国的法律体系，通过立法来明确我国农业循环经济的指导思想和原则，为农业循环经济的发展提供可靠的依据，这些法律建设包括但不限于循环经济规划制度、科技示范制度、生态税收等。其次，应注重农业循环经济的宣传教育，提高人们自觉减少排污、保护生态的循环经济意识。从长远来看，只有提高人们自觉保护生态、节约资源的循环经济意识，才能从根本上减少区域农业循环经济在推广中的阻力。最后，注重地区间的平衡发展，中西部落后地区可以借鉴东部成功的循环经济模式，建立起适合自身发展的循环经济模式，国家和相关科研机构应当在资源和经济上向循环经济发展落后地区倾斜，促进这些地区农业循环经济的健康发展。

农业是国民经济发展、社会安定、国家自立的基础。农业的可持续发展是人类社会和经济可持续发展的基础，也是落实以人为本，全面、协调、可持续的科学发展观的重要组成部分。做好我国区域农业循环经济模式的规划，合理利用土地，既要金山银山，也要绿水青山，走可持续发展之路，使我国成为经济与环境双赢的农业强国。

第五节　服务区域经济电商人才培养模式

一、服务区域经济电商人才培养存在的问题

（一）课程设置缺乏合理性

近年来，随着经济的发展及计算机网络技术的不断开发和应用，电商在我国的发展速度日新月异，相应的模式以及相关知识的更新速度也非常快，快速发展的电商行业给电商人才的培养带来了不小的挑战。大部分院校对于电商人才的培养都是通过开设与之相关的电子商务课程，而课程主要还是采取课堂教学的方式进行，教学的主要内容包括经济类、市场营销和管理学等电子商务的专业课程，还包括网络安全以及网页制作和数据库管理等方面的专业技术课程。但是单靠这些基础课程的教学已经无法满足现在市场对电商人才的需求，尤其在如今电商不断变化的局面中，各种新型营销模式层出不穷，如店铺运营推广、社交电商、大数据分析及新媒体运营等，若在进行电商人才培养的过程中无法顺应时代的需求，就失去了培养人才的意义，相关高职院校在培养人才的过程中，需要根据市场对电商人才的要求来不断进行培养方案的调整。

（二）没有构建完整的电商就业创业培养体系

电商产业还有很大的发展空间，大部分电商人才都可以通过专业的学习和培养来实现自身的创业梦想，我国对大学生自主创业也有很多优惠政策，这对电商专业的学生来说无疑是一个极好的机会。虽然电商人才通过培养后加入各个企业中也会发光发热，但是更多经过专业指导和训练的电商人才积极加入创业的队伍，对于推动我国电商产业的进一步发展具有重要的作用。但是大部分院校在进行电商人才培养的过程中并没有针对大学生创业方面进行专业的电商就业创业培养体系的构建，导致电子商务专业的学生无法得到专业的指导和培养，也没有一个可以让他们充分施展拳脚的平台，使得电商人才的发展受到了阻碍，无法充分实现相关院校培养电商人才的价值。

（三）电商专业的师资力量薄弱

电商专业的教学涉及的专业领域比较多，内容比较杂，大多数院校中，关于电商专业的教学都由一些相关专业毕业的老师进行，如计算机专业或者经济管理等专业的老师。但即便相关专业其理论和实践体系在一些细节内容上还是具有一定差异的，教师更是没有专业的实践性操作，与电子商务人才的岗位需求存在断层现象，这就导致相关院校在

培养电商人才的过程中无法保证其专业性，也会因一些知识的差异给学生造成一些误导。

（四）电商人才培养缺乏创新性

在现阶段高职院校电商人才培养的过程中培养模式比较单一的问题，多数都是传统的老师授课的教学方法，即便是一些实训课程也多依靠模拟软件教学完成，缺乏系统化、接地气的人才培养课程设置，导致很多电商专业的学生无法将所学习的内容进行有效的结合和运用，最终不能达到很好的电商人才培养的效果。而授课的老师在实践方面的经验也比较匮乏，在实践教学时大部分还是依赖模拟软件来进行，无法与相关企业合作让学生参与到相关企业的实际活动中，导致人才培养质量得不到提高。

二、构建服务区域经济电商人才培养模式的策略

（一）创新电商人才培养的主要思路

服务区域经济的电商人才培养首先要以区域经济发展的特点以及对电商人才的需求为出发点，开展电商人才培养的课程设置以及相关的教学模式，因此，相关高职院校在进行电商人才培养过程中应该进行人才培养思路的创新，使各个教学环节能够连成一个体系，真正做到学以致用。具体的思路可以参考以下步骤：要对区域经济产业的实际经营发展情况进行充分的分析和梳理；对区域电商产业的各种经营模式进行逐一分析；对区域电商产业的各个主要岗位进行了解，并对各个岗位的岗位技能做充分分析；根据当前区域电商产业相关岗位的分析来制定电商人才培养的核心课程体系；根据区域电商产业相关岗位的业务流程来进行电商人才培养教学内容的确定；电商人才培养过程中，在学习专业基础知识的同时也要进行相关区域企业项目的引入；根据实时的发展不断地进行电商人才培养教学模式的完善；给学生提供良好的实践平台，真正做到边学边实践，在实践中完善所学内容。根据以上大体内容来完成电商人才培养的主要思路，并根据实际的区域经济情况进行深入的研究和完善，才能真正建立起服务区域经济的电商人才培养课程体系以及符合服务区域经济的电商人才培养教学内容。

（二）构建完善的电商创业项目孵化成长机制

前面已经提到电商产业在我国目前还有很大的发展空间，电商专业的学生完全可以通过专业的学习以及指导来完成自身的创业梦想，而高职院校的专业老师不仅要教会学生相关的基础知识，更应该引导学生建立创业梦想并努力去实现。因此，在进行电商人才培养模式的构建过程中也应该把构建电商创业项目孵化成长机制作为重要的项目来完成。对于服务区域经济的电商人才培养模式肯定要以区域经济的特点为基础，所以在进

行创业项目孵化成长机制的过程中，也要以服务区域经济为目的，因此可以在这一过程中引入区域企业电商项目或者直接跟区域经济企业相互合作，给电商人才培养确定一个创业项目。创业项目确定以后在专业老师以及区域企业相关导师的指导下，学生在其中担任不同岗位角色，来共同实现该项目的开发经营等环节，在创业实战当中进行所学知识的运用，可以根据区域经济的特点逐渐掌握相关的电商技能，从而使电商专业学生的实践能力以及个人素质都能得到很好的提高。与此同时，在专业老师和企业导师的指导下，学生也能明白在一个创业项目中各个投资人的权利义务以及整个创业团队的责任和义务，对于创业的基本流程及需要注意的事项也都有了一定的了解，可以为他们今后的创业奠定良好的基础。

（三）加强专业师资队伍建设

专业的师资队伍是提高高职院校电商人才培养质量的关键，目前电商的发展对于区域经济发展的影响作用越来越大，所以必须加强对相关高职院校电商专业师资队伍的建设，保障电商人才的培养能够满足区域经济的需求。在电商专业师资队伍建设方面可以从以下几方面进行：对于已经在职的电商专业教师应该加强其电商专业的基础内容培训，尤其是电商专业与其相关专业存在差异的部门更要进行深入学习和研究，从而提升电商人才培养的专业性。加强电商专业教师实践能力，很多电商专业的教师并没有足够的实践经验，在进行相关内容的教学时多数还是纸上谈兵，并不能给学生一些经验性的指导，所以要在这方面加强建设，让教师能够定期进行企业项目实操培训或者按照年度划分给专业老师相关的项目任务，提升教师队伍的实践经验，提升教师队伍服务区域经济意识。在服务区域经济电商人才培养中，老师的服务区域经济意识十分重要，只有具备这个意识才能根据区域经济特点及需求来进行人才培养，才能让人才的培养符合市场需求。

三、加强产教融合的建设

（一）深化校企合作，校企师资结对

在服务区域经济电商人才的培养过程中，相关高职院校不仅要对电商专业的学生进行充分的专业基础知识的教学，更要让学生的发展能够顺应区域经济的需求，所以必须加强相关高职院校和区域企业的有效合作。高职院校和企业要进行充分的沟通，并针对电商人才培养的相关事宜达成共识并制订长期合作计划。企业可以根据现阶段各个岗位对于人才的需求与校方进行沟通并制订完善的电商人才培养方案，对于一些电商发展的主要核心技能进行课程的开发，并共同研究确定教学内容及教学的方式等，而且在教学

过程中高职院校和企业都要参与其中，不仅要进行有效的培养教学，同时也要针对教学质量及人才培养的效果制定有效的监督体系，通过不断地发现问题并进行相应的完善来优化电商人才培养的相关方案。另外，高职院校的专业教师及企业导师也要进行培训对接，比如，企业的导师要定期参与高职院校组织的教师培训，学习一些相关的专业知识及教学方法，高职院校的专业教师也要定期参与企业的相关技术以及理念的培训，这样可以更加深层地进行校企合作。

（二）建设电商生产性实训基地

通过有效地开展产教融合，高职院校可以充分利用合作企业的相关资源，根据企业的电商岗位需求及发展方向建设一个既具备一定的模拟性，又具备足够的真实性的电商生产实训基地，在建设的过程中关于实训基地所需要的一切硬件设备以及基础的设施等学校需要给予足够的资金及人力方面的支持。对于实训基地的真实一面，比如，企业文化以及工作的环境和氛围需要合作企业给予足够的支持和指导。基地建成以后根据上面已经成立的校企师资结对来共同完成电商专业的学生在电商生产实训基地的教学工作以及学生完成各项企业项目的指导工作，由于该基地具备高度的职场工作环境和氛围，所以，当学生进入该基地以后就会从内而外地发生身份的转变，从一名学生变成企业的一名员工，并能够在专业老师和企业导师的指导下牢记企业文化、遵守企业的相关制度，认真负责地对待每一个企业的项目，这对于他们的学习及实践方面都有很大的帮助，也能有效地提高服务区域经济电商人才培养的质量。

第六节　“农乐惠”发展区域经济的商业模式

现代社会，人们对健康日益重视，一方面，渴望远离城市的喧嚣，亲近大自然，享用无污染的蔬菜瓜果；另一方面，传统农业面临挑战，农产品市场竞争越来越大，利润越来越透明。许多农户都感叹，以前是好挣钱，现在品牌多、竞争大、价格透明、赊欠严重，生意很难做。加上国家政策及市场需求，传统农资正逐步被生态农资所取代，传统农业面临转型升级。

一、“农乐惠”商业模式的含义

“农乐惠”提出这样一种商业模式：基于地方的农业园区，建立区域冷链物流配送中心，利用自己的电子商务平台，为农业园区生产基地提供互联网电子眼拣选设备的设计服务，整合农业园区的众多农产品资源，帮助传统农业转型升级，实现农业与电子商务协同发展。客户可以借助独特的互联网电子眼足不出户但身临其境般地挑选需要的有机农产品，下达订单后，客户可以选择到农业园区进行现场采摘、农家乐等休闲活动，也可以选择“有机农产品及时配送服务”，即为客户送货上门。

“农乐惠”致力于为城市居民提供新鲜的有机农产品以及到大自然休闲度假的场所，满足现代城市居民的需求，实现人们生活的健康化、乐趣化。让人们快乐、实惠地享用绿色无污染的有机农产品，同时让农业借助互联网技术获得优质发展，农民也快乐，也能分享互联网技术发展的实惠，即“农乐惠”。

二、“农乐惠”商业模式发展背景分析

随着互联网的普及，电子商务平台发展得越来越好，以天猫、京东、顺风优选等为代表的商家，都获得了强大的资金支持，而且这些平台企业都有自己的行业资源优势。在这期间，B2B、B2C、C2C、O2O 等各种模式竞相出现。另外，移动互联网、云计算、大数据、数字电视网等也为商家提供了更多的选择工具，电商平台技术、物流配送技术日趋成熟，由于其没有时空限制的方便性与快捷性，越来越多的人爱上了网络购物。

政府也在大力支持，国家政策不断出台。2016 年，商务部印发了《2016 年电子商务和信息化工作要点》，这使网络零售市场得到了快速发展。中国电子商务研究中心提供的数据显示，2016 年我国网络零售市场规模达 5.33 亿元，同比增长达到 39.1%。规模不断扩张，整体增速会在合理的区间运行。我国网络零售 B2C 市场格局虽然大体稳定，但也面临着洗牌。与此同时，市场在逐渐向多元化、规范化、品质化方向发展。各电商细分业务出现，如农村电商、生鲜电商、跨境电商、母婴电商、消费金融、物流服务等领域，这些细分可以增加自己的市场渗透率，稳固自己的市场地位。

“农乐惠”模式立足生鲜电商平台，为工作繁忙的都市白领及时配送新鲜有机农产品，并提供度假休闲选择，行业发展前景良好。中国电子商务研究中心提供的数据显示，2018 年，我国生鲜电商规模约 2424 亿元；2019 年，我国电商交易额保持稳定增长，根据生鲜电商以往的增长情况估计，我国生鲜电商市场规模约 2888 亿元。今后随着电商消费逐渐进入低龄和高龄人群的生活视野，生鲜电商的目标用户群还会不断地扩大。

由于生鲜食品是日常需求品，不像电器、衣服需要较长时间的购买频率，所以用户一旦形成在生鲜网站购物的习惯，用户登录网站的次数会比一般垂直性 B2C 网站高出很多。又因为在这类网站上购物的数量基本上是购买三口之家的物品，单价较高，那么累积起来

的购物金额是相当惊人的。生鲜电商市场的未来发展空间和利润空间都非常大。

三、“农乐惠”商业模式的发展思路

“农乐惠”模式目标定位为知名的区域生鲜电子商务平台，这将是介入安全食品生产规范流程管理的平台电商。与其他生鲜电商不同的是，“农乐惠”拥有产业链前端的管控能力，其团队应该从农业生产上游，对包括种植、施肥、施药、检测等整个过程进行全面管控，做到从农田到餐桌的全过程信息监控。另外，通过产品质量追溯体系建设，生产出安全的农产品，检测后通过“农乐惠”电商平台进行销售。通过采用一物一码，让每种农产品都以“农乐惠”二维码作为唯一的“身份证”。通过手机端和电脑端两个渠道，可以查询到该种农产品的产地信息、产品信息、企业信息、质量检验报告和入驻承诺书等详细信息。这不仅为入驻的企业提供了增值服务，还提供了“加工—包装—电商平台—配送”一体化服务。另外，通过建设电子商务平台服务农业市场，可以为农业生产者提供技术服务，降低农业生产者的成本，使有机农产品从产地直接到消费者手中，减少中间的交易环节，降低消费者的消费成本，打破中国农业市场传统现状，为消费者带来优质服务。

“农乐惠”模式立足国家级农业科技园，目标市场首先选择在人口密度极高的城市社区。精准定位于那些工作繁忙的年轻群体，这些人高薪、高知，追求高品质的生活，注重健康，喜欢无污染的绿色有机农产品。在工作日，“农乐惠”可以让他们下班回到家中便收到自己之前预订的新鲜有机农产品，并且提供净菜、菜品加工服务，客户回到家中可以直接烹饪，减少做饭和外出选购的时间，同时享受高品质的绿色有机农产品。在休息日，“农乐惠”可以为他们提供休闲旅游的场所，使其无限亲近大自然。

“农乐惠”应从多种渠道引进、整合企业发展中所需的人才、资金、政策等各种发展资源并合理应用于生产经营中，建立竞争优势明显的区域冷链物流配送体系及远程电子眼拣选电商平台，成为优质的有机农产品电商企业。它以“有机农产品及时配送”销售抽成、“旅游产品”销售抽成、加盟费为主要业务收入。根据本行业的统计数据，由于本行业高物流成本投入的特点，成本收回周期一般要 5 ～ 10 年。而经过详细的项目收入预测、成本费用预测、利润预测，“农乐惠”项目在实施运营的前 3 年基本可以回收初始投资，得益于其根据农业园区建立区域冷链物流配送体系的思想，项目投资回收期较短、盈利能力强。另外，“农乐惠”模式基于地方的农业园区不断扩展，经营模式可以复制，需要大量全职物流、营销、旅游类人才。业务高峰期还需要雇用兼职员工进行送货、拣货、导游、运输等作业。以后随着市场的扩展、加盟业务的开展，将需要更多员工，这样既能促进区域经济的发展，又能带动就业人数的增长。

第四章 区域经济治理

第一节 中国区域经济治理模式

“晋江奇迹”就是“中国奇迹”中一个东南沿海小城发展的缩影。围绕“晋江经验”的关键性议题和关键性领域初步形成了“一体两翼”的格局，即“县域发展”为一体、城镇化发展与民营经济发展为两翼。“晋江经验”的提出体现了区域经济治理的伟大创造，它的提出也展现了中国民营经济创新探索的奋斗历程。它的提出背景是马克思主义政治经济学在当代的具体实践和生动诠释，成为泉州实现经济快速发展的经验总结。

一、“晋江经验”的当代价值

“晋江经验”为中国特色社会主义经济治理提供了生动的经济治理经验，具有重要价值。

（一）“晋江经验”是中国特色社会主义经济治理的成功实践探索

新时代的区域经济发展要持续深化新发展理念，实现更高质量的区域经济治理和长效机制的探索。一直以来，晋江都注重实际经验的总结，发挥本地特色，加强优势产业和企业的转化，探寻创新模式。“晋江经验”的总结和提出是在区域经济发展的现实语境中探索创新的结果。在区域经济发展的层面如何引导和扶持“三资企业”加强创新，持续创新“晋江模式”，这就需要弘扬“晋江经验”的要义。换言之，区域经济治理的高质量发展要依托资金的灵活运用。泉州全域经济治理的高质量发展不仅要发挥本地特色，而且要持续发展壮大民营经济。泉州全域经济治理还要走利用外部资源发展产业的特色之路。

（二）“晋江经验”为中国县域经济治理提供了“晋江样本”

中国县域经济治理要根据自身资源禀赋，选择符合自身条件的经济发展模式，中国县域经济治理不能陷入经验主义和教条主义。新时代要推动中国县域经济治理高质量发展，就要不断改善供给结构，提高经济治理效能。中国县域经济治理要加快推进新旧动能转换，聚焦主导产业，积极培育新兴产业，改造提高传统产业结构和效益，要创新现代服务业，在“引进侨资和外资、发展民间资本作用”的同时，不忽略技术的创新和先进理念的理论驱动。

（三）“晋江经验”为中国县域经济高质量发展贡献地方智慧

“晋江经验”丰富的理论视界为中国县域经济高质量发展提供了有力参考，贡献了地方经济治理智慧。中国县域经济高质量发展要注重创新创业的优化升级。中国县域经济高质量发展从数量扩展到质量提高再到品牌运作，注重资本运作的创新战略转变。中国县域经济高质量发展的创新包括技术、制度等方面的创新，并注重强化创新产业体系和人才引进体系建设。中国县域经济高质量发展要建立比较完善的市场运行和贸易机制。“晋江经验”为中国其他县域高质量发展提供了参考。县域发展离不开理论指导和过往经验的总结和梳理。现代化经济体系的建构逻辑，围绕着传统经济体系转向现代化经济体系开展，面临着诸如资源配置、产业布局、社会主要矛盾处理等困境。“晋江经验”体现着以政府、社会组织、企业、市场、个人为主体，党建、法律道德、风俗习惯融合为治理手段，提高社会科学化和智能化治理效能的过程。新时代，要从多学科、多角度探寻“晋江经验”在市域社会治理现代化方面的价值研究，推进市域社会治理现代化。无论是理念上，还是体系建构上，都需要在创新中融合多学科元素。

二、中国区域经济治理的四种模式比较

本节主要选取“晋江模式”“苏南模式”“温州模式”“珠三角模式”四种经济治理模式进行比较和阐述。

（一）晋江模式

正如上文所述，“晋江经验”映照着中国特色道路和区域经济治理的大胆探索与成功实践。就其众多区域经济治理成功经验而言，“晋江经验”只是被证明的一种可行的经济治理经验。传承和发展“晋江经验”成为新时代的新任务。新时代，晋江要全面融入泉州湾，主动对接闽西南，开拓创新，争取高质量和国际化发展，谱写“晋江模式”新篇章。不同于“苏南模式”“温州模式”“珠三角模式”，“晋江模式”为当下中国实现基层治理现代化提供了可行的发展模式和路径参照。在持续的实践中升华“晋江经验”的丰富内涵，就要把握新发展阶段的晋江地区经济发展的经验。整体上，“晋江模式”还需要持续激发创新动力，推进区域经济现代化治理，从而为促进整个泉州的区域经济社会发展争取新的途径和思路。

（二）苏南模式

20世纪80年代，著名社会学家费孝通先生认为苏南地区的农民依靠乡镇企业，促进了地区经济发展，提高了地区经济的综合实力。在乡镇政府和市场互动中，苏南模式凸显出优势，苏南模式的特点是引进发展型，强调的是建立工业园区，再加上土地的流转和运用，促进了区域空间的充分发展和应用。苏南模式在全国各地都被效仿，引进发展型的这种经济治理方式在一段时间内促进了整个区域经济的发展。总结苏南模式的经验可知，苏南模式在各地都充分彰显了经济发展的活力，从而为其他区域经济发展治理提供了诸多经验：第一，充分发挥主导产业的集聚作用，带动全市的经济发展，比如昆山市。第二，充分发挥骨干企业的引擎与支撑作用，比如江阴市。第三，培育新兴产业，做强县域经济基础，以张家港市为例。第四，持续提高创新能力，走内涵式发展道路。比如，常熟市深度融入苏南国家自主创新示范区建设，开展省科技创新体制综合改革试点，被确定为国家知识产权示范市，高新区升格为国家级高新区。

（三）温州模式

究其本质，温州模式是温州地区的小商品批发和零售的区域经济发展创新模式。这种模式主要围绕家庭小手工制作和专业化的市场销售来促进区域经济的发展。温州模式中的小商品指的是相对来说工艺简单及生产成本较低的产品。与此同时，大市场强调的是温州人通过商品销售和服务在全国建立的市场销售渠道。显然，这跟苏南模式的集体引进型的发展模式不同。苏南模式注重的是大工业配套和系统化服务的产品，广东区域经济发展注重的是外资运用的开放性。政府在这些经济模式的发展中更多的是一种参与性地指导和引导。温州模式多是几家企业联合生产和销售的非农经营模式，乡镇企业也是围绕小商品展开一系列的生产和交换。温州模式面向的顾客群体是各层次的消费群，是以日用小商品为主导的产业布局和发展，围绕着这些产业的服务和社会流通企业也是如此。温州模式中生产要素的流动是集中到小城镇，无论是交通运输、民间信贷，还是快速消费品和电子商务都重视小商品的薄利多销及生产要素的多项流动。总体上，温州模式突出的地方在于组合了生产要素，增强了区域经济效益，便利了社会化协作，带动了小城镇的发展。

（四）珠三角模式

与上述几种模式不同，“珠三角模式”被简称为珠江模式，是开放的综合性经济治理模式。它的主要特点是借助外来资金和技术，加强转化，走外向型经济发展治理模式之路。更为关键的是，珠江模式的主要参与企业多数为外资企业，这些企业的管理技术和管理理念都很新颖。珠江模式是体制改革创新和区域经济外资与本地企业融合发展的典范。温州模式、晋江模式、苏南模式有效集合了城乡融合的劳动力、区域空间布局、经济治理结构优化等因素。珠江模式有效集合产业链、人才链、资金链等优势发展动能并将其延伸到整个区域经济发展。珠江模式具有三个特点：第一，它具有极强的辐射功能，形成了产业集群和扩展功能的集聚效用发展；第二，注重区域经济协调均衡发展的同时，加强对周边区域的辐射和带动性的促进；第三，它的基本导向是以国际化视野为主增强外向型经济的持续发展。特别是珠江模式充分利用直接外资加强区域经济高质量发展。总体上，珠江模式突破了上述几种经济治理模式的格局和视野，注重国际化开放型的区域经济格局建构。

三、持续传承“晋江经验”的关键

从马克思主义整体性的视野出发，“晋江经验”契合了马克思主义政治经济学的基本观点和立场。推进晋江地区高质量发展，还要不断在区域经济的生动实践中弘扬和传承好“晋江经验”的关键要义。

“晋江经验”与“一带一路”倡议、“晋江经验”与地方集群产业发展的互动关系机理、“晋江经验”与政府政策工具创新、“晋江经验”与社区治理与发展等都是值得进一步深化研究的未来课题。新时代，注重“晋江经验”的多学科研究，将经济学、体育学、马克思主义理论、社会学、管理学等相关学科理论知识运用到“晋江经验”和晋江体育用品产业集群之中，为晋江体育用品产业集群的健康持续发展提供支撑。晋江要建设一座“本地人留恋、外地人向往”的品质城市，以产业做支撑，推动产业和城市互动、园区和城区融合。晋江还要继续打造优质城市平台，加快组团、片区改造建设，完善城市基础设施和公共配套，加快建设一批产城融合的现代化园区。

综上所述，从全球范围视野出发，新冠肺炎疫情改变了区域经济发展格局和治理方式。地方经济治理如何实现现代化，这就需要继续发挥“晋江经验”这种总结和探索的创新思路，持续探索一种县域经济治理的长效机制；与此同时，晋江地区还要持续通过市场供给和需求的长效机制探索，增强经济发展的活力，开拓区域经济治理新格局，推动城市群经济发展体制机制创新，从而建构更优化的区域经济发展体制和创新制度。由此，“十四五”时期晋江地区才能真正实现高质量发展。

第二节　区域经济治理制度

在当前经济发展进入新常态背景下，进行供给侧改革，推动经济治理制度不断完善与改进是当前经济发展过程中需要密切关注的话题。一般说来，制度供给是指在一定时期内，制度供给方有意愿且有能力提供的制度数量。经济治理制度的优化，不仅能够使经济体内商品、服务、资本、技术等资本元素快速地流动和扩散，同时也能在新常态的经济发展模式下，推动经济治理中的供给侧改革，实现经济的平稳快速发展。

一、当前区域经济治理制度发展现状

从当前区域经济的发展现状看，拉动我国经济增长的三驾马车——投资、消费和出口都面临着一定挑战。具体来说，我国区域经济治理发展面临以下问题：

（一）经济发展不平衡

我国作为世界上最大的发展中国家，除了有北京、上海、广州和深圳这样经济发展迅猛的城市，也有云南、贵州、新疆、青海、宁夏等落后区域。在我国广阔的西部地区、山区、革命老区、少数民族地区以及边疆地区，其经济发展主要依靠农业和矿产资源。经济发展呈现出典型的生产方式单一、自然环境恶劣、生态环境脆弱、资源转化困难、知识创新不足、经济封闭发展等特点。虽然我国实施了西部大开发、东部支援西部等策略，但受制于自然条件和历史因素的影响，我国西部广大落后地区的面貌并没有根本改变。

（二）城市化进程加快

从现阶段中国区域经济发展的现状看，城市化速度一步一步加快，城市人口明显增长，大城市和特大城市数量明显增加，引起了城市化问题。城市人口的过度聚集，一方面给城市土地利用和城市交通带来了巨大压力；另一方面，随着人口的增加，环境污染、住房困难、能源不足的问题进一步凸显。城市化的迅猛发展，大城市和城市群的形成，导致城乡差距进一步加大。除此之外，城市群之间空间失衡、产业雷同、交通拥挤、文化冲突等问题，也使城市与城市之间不协调的问题进一步凸显，如何解决大城市和城市群的“城市问题”，推动城市群之间协同发展将成为当前我国经济治理的一个棘手问题。

（三）部分行政区域贸易壁垒

在区域经济发展中，除了东部与西部地区经济发展不均衡，城市过度集聚问题外，还面临着行政区域的贸易壁垒问题。我国幅员辽阔，人文地理复杂，在历史影响和地缘划分的过程中，形成了不同的行政区域。在行政区域贸易壁垒的影响下，我国的经济发展有了“诸侯经济”的特点，局部市场结构封闭，创新性不足，产业雷同，市场自发性和盲目性进一步凸显。由于区域间产能过剩，区域经济发展效率低下，区域市场进入封闭结构状态。因此，在当前经济发展过程中，如何减少区域间的无序竞争，促进行政区域之间的有效合作，也是目前我国区域治理亟待解决的问题。

二、区域经济治理的制度供求分析

从本质上来看，区域经济治理是一个系统工程，需要建构一套有效的区域经济治理体系，形成良好的经济治理制度和程序，以此来规范行政行为、市场行为和社会行为。一般来说，一个区域经济制度体系要解决三个基本问题：谁治理、如何治理和治理效果如何。只有对这三个基本问题有了清晰的答案，才能厘清区域治理体系中的主体、客体和效果。从系统论的角度看，供给侧下的区域治理是一个完整的动态运行体系。系统下的各要素要进行利益协调，只有通过对不同利益诉求进行整合，实现区域管理治理效益的最大化，实现区域体制机制的创新与融合发展，分析区域经济治理的制度供求行为的原因，才能找出应对区域治理问题的对策。

（一）制度供给与区域经济发展结构不匹配

我国经济发展中出现的落后地区经济发展困难、巨型城市过度增长、行政区域贸易壁垒问题，从本质上看是我国的制度供给与区域经济发展结构不匹配的问题。无论我国是在过去的区域管理模式下，还是在现有的区域治理模式中，经济制度供给与区域经济发展结构都存在不匹配现象。不同于国外的区域治理，在经济治理制度中，我国的区域治理习惯以传统的地方管理为主，政治动员和行政主导是区域经济治理的惯用手段。一般来说，上级党委和政府在区域治理过程中往往采取目标设立、会议推动、政策灌输等模式，在考核过程中采用组织建设、行政包干、政绩考核等手段，采取强力调度和推动，要求下级政府在上级政府的推动下贯彻实施。当前，区域经济在发展过程中，无论是从经济总量、经济增长率还是贸易或投资角度，都可以发现地区经济体的力量已经不容忽视。如果还按照原有的区域治理体系，遵循原有的区域治理权力运行机制，必然会使地区新增经济体的实力无法得到最大化发挥。因此，面对区域经济发展过程中新增的经济实力，区域制度供给需要调整旧的治理模式，改变原有思路，增加新型的制度供给。

（二）区域经济治理新制度产出短缺

随着区域经济形势和需求的变化，现有的区域治理制度有效性在缓慢下降，区域制度治理困境不断涌现。在这种情况下，通常可以通过对原有的制度进行适当调整，注重现有制度供给者的观念转变，使原有的制度供给能够更加符合现实的区域经济发展需求。另一种方式是改进原有制度供给者提供的制度，进行新的制度创造，通过提供新制度来取代无效的旧制度，从而使旧制度能够适应新的时代变化发展的需要。事实上，从区域经济发展的实际情况看，区域治理体系的改革创新在“碎片化”的区域经济治理趋势下不断进步。但这并不是说，区域经济治理需要采用碎片化的治理。从经济发展的趋势看，对于制度供给能力，如今现有制度的供给和维护者，其实有能力去推动区域经济治理制度改革，然而，部分地方区域治理政府为了保护从制度供给中获取额外的利益收入，对制度改革的意愿比较小，进而制约了区域治理制度的进一步完善与改革。

三、供给侧改革背景下的区域经济治理制度改革建议

针对当前我国区域经济治理制度供给中存在的问题，尝试构建更高效的经济制度规则，打破过去经济制度治理下的路径依赖锁控，更好地配置区域经济发展中的生产要素，提高区域治理中的生产效率和治理效能至关重要。新制度经济学认为，有效的制度结构是由非正式制度、正式制度和实施机制构成的。因此，在供给侧改革的大背景下，构建区域经济治理正式制度，优化区域经济制度的实施机制需从以下几方面着手：

（一）创新区域经济治理体制

针对区域经济发展中出现的落后地区发展等一系列问题，需要创新区域经济治理体制。具体来说：一是从组织的角度对制度进行优化。区域经济治理体系的有效运行离不开组织的配合，新的制度体制中需要构建多元主体参与的区域治理结构。二是治理模式的创新。面对行政区域的“保护主义”问题，需要从国家和省级层面着手，建立省域治理模式，增强不同行政区域之间的密切联系。三是行政管理体制的理顺。对于刚成立的经济新区要赋予其更多的权力，通过放权来赋能。四是高度重视城市化问题。面对城市的迅猛发展，需要完善城市内部行政管理体制，改变现有的区域垄断，保持区域市场要素流动畅通。

（二）引入区域公共协商机制

公共协商机制的引入，能够保障区域经济治理形成一个系统性的综合性工程。具体来说，一是要做好政府与区域企业的协商机制工作。政府和企业要围绕治理的目标、任务和重点，形成政府与政府、企业与企业、个人与个人等要素之间一对一的对等协商。

二是要注重政府与企业、个人等一对多的协商。政府要以区域经济利益发展为重点，发挥自身的牵头和动员作用，为自身与其他组织的协商奠定基础。三是构建网络式协商机制。利用公民社会的特点，发挥网络协商的作用，为区域治理目标和区域公众利益的最大化而努力。

（三）搭建信息交流平台

区域经济的良好发展与治理离不开信息要素的传递。经济发展中交易双方若存在典型的信息不对称，必然会加大经济交易成本，影响区域经济的协调发展。因此，搭建区域经济信息交流平台，一是要注重信息的收集。信息收集是信息交流的前提与基础，政府可以借助现代信息网络技术，组织区域经济治理主体加大对区域内、外信息数据的收集和汇总，尤其要注重整合和规划区域规划、投资、土地和交通方面的信息。二是要消除信息壁垒。当前区域政府之间存在严重的信息壁垒，要改变各区域之间“各自为政”的信息壁垒现状，在更高的层面实现信息之间的交流与共享。三是注重对信息的常态跟踪。在人工智能、大数据背景下，信息更新换代的速度非常快，区域经济治理中要注重对信息的常态跟踪，配备专职的区域管理人员，对信息进行全天候的监测与更新。

（四）完善监测与考评机制

监测考评机制是保障区域经济治理效率不可或缺的重要手段。缺乏监测与考评的区域经济治理，不能实现及时反馈，也无法及时评估其治理效能。因此，监测与考评机制是区域经济治理的约束法宝，具体来说：一是要注重社会监督。要发挥媒体和区域监督平台的社会监督作用，赋予其自由监督的权力。二是要注重区域经济治理内部机构的监督。若区域治理主体缺乏权责清晰的权力约束机制，将难以对未完成义务的违约组织进行制约。三是要建立阶段性区域考核机制。对区域经济的治理要形成长期性与阶段性并存的考核机制，对于考核期间完不成任务的组织和个人要进行约束和惩罚。

第三节　国际关系中的区域主义与区域治理

一、区域主义为区域治理提供可能性

区域主义也称地区主义，是官方与民间组织各种力量交织在一起，从地区角度考虑和处理政治、经济、社会等事务过程中所体现出来的反映跨民族的地区利益与进程形成的规制。它指的是三个以上的国家通过正式或者非正式的机制，从地区整体性的角度出

发来寻求地区事务上的共识与共同的安排的一种合作意愿，并在此架构与秩序下处理相互关系的一种多边形式。在区域主义中，以地理界限为基础划分合作的范围。例如亚洲地区的亚太经合组织、东南亚国家联盟、区域全面伙伴关系协定，欧洲地区的欧盟、欧安组织、北约组织等。

在国家与国家相邻、国家与地区相邻的地理范围内容易产生一种认同感。这种认同感由民族文化认知、国际外部环境、国家同质性及地区共有利益组成。区域内各国通过这种认同感形成一种群落意识，建立相互之间的合作意愿。从某个角度来说，区域主义以区域国家为中心，以维护区域内国际和地区利益为现实目标，倡导地区利益的优先性发展。

如果说区域主义是特定区域内各国所达成的合作意愿与处理相互关系的多边形式，那么区域治理是落实这种意愿与形式的具体实践。区域治理蕴含在区域主义的进程之中，它指的是一种区域层次的治理，是治理理论在区域层次的运用。区域治理具体指的是在某种政治安排的地区内，通过创建公共机构，形成公共权威，制定管理规则以维持地区的秩序，满足和增进地区共同利益所展开的活动过程。区域主义为区域治理提供可能的条件，区域治理也包含着区域主义的诸多内容。第一，从“地理”上来讲，区域治理沿袭区域主义对空间范围的划分。区域治理正是通过在相邻范围内的国家与地区之间建立合作机制与规范来共同管理有关政治、经济、社会、安全领域的问题，而管理的对象及内容也有区域性的特征。第二，从区域主义与政治的关系上来分析，区域主义与国家间的政治密不可分。区域主义以地区、社会和国家不同形式表现出来，涉及的有关经济、文化、民族、环境等方面议题归根结底与政治领域有着千丝万缕的联系。而区域治理与国家间政治行为更是密不可分，目前区域治理行动主体就是主权国家与地区组织。区域治理的方式也是以政府间签订的协议、规定、盟约以及行动计划为主，具有深刻的政府行为色彩。第三，区域治理与区域主义都没有超出民族主义的范畴。区域主义尝试站在民族主义的对立面来维护区域内国家的共同利益，但始终没有突破民族主义的框架约束。这是因为区域主义是民族国家出于民族利益的考虑所达成的联合，是民族主义在区域层次上的存在形式。

区域治理首先需要各个国家间达成利益共识，形成共有的合作理念，并在此基础上构建合作的制度及框架，这与民族主义所倡导追求和维护民族与国家利益的理念相契合。

二、区域治理的主要特征

区域治理不仅是一套规则和活动，还是持续互动的过程。区域治理除了对地区控制之外，更多的是一种建立在利益平衡上的协调。其主要特征包括以下三点：一是区域化与全球化的并存性；二是参与主体与参与客体的多元化；三是治理层次的清晰化。

第一，区域治理具有区域化与全球化并存的特征，区域治理是区域层面与全球层面相兼容的治理形式。全球化进程的加快凸显出跨区域的合作与协商在国际关系中的重要地位，但这种跨区域互动也影响了地区发展的独立性。首先，全球化无法彻底取代区域化。各个区域拥有各自针对性的问题，解决针对性的问题不能采取全球化通用的模式。另外，每个地区都有自己特殊的历史背景与资源要素，这是促进合作的基本条件。以欧盟国家与东盟国家的成功经验为借鉴，各地区一体化也在蓬勃发展，所以整个国际合作呈现出区域性的趋势。其次，区域化在无形中推动了全球化的发展。各个地区在进行区域治理的同时也是整合优势资源的过程，将区域的优势资源进行合理配置以促进地区的稳定与发展。在这个过程中，区域与区域之间会建立相应的联系以增强自身的竞争力。例如，东盟“10 + 3”的区域治理模式便融合了域外国家的因素，而近期区域全面经济伙伴关系（RCEP）的正式签署就是东盟区域治理模式扩展到全球化的体现。由此可以看出区域治理的区域化与全球化是一个并行的趋势。

第二，区域治理的主体与客体具有多元化的特征。首先，区域治理的主体指的是区域治理进程中的施动者，是区域治理进程中的主导力量。政府之间的关系以及区域政府竞争力是区域治理的主要内容。当今国际政治格局行为体的多元化影响了区域治理的主体，表现在政府与民间组织、公共部门与私人部门之间的互动越来越频繁，因此，区域治理也需要更多的非政府组织力量的加入。区域治理的客体是相关的区域内所面临的共同问题、困境及风险，具体包括经济、文化、生态环境以及相关安全问题等。全球化的发展使得国家的边界性不断减弱，国家间的相互依赖关系不断加深，这也就使局部风险扩散成为全球风险。同时，新科技革命步伐的加快使得国家利益多元化，领导人所重视的国家利益已经从最初的国土安全、主权完整逐渐扩展到资源利用、生态平衡、经济发展、文化繁荣等领域。可以说国家的核心利益的内涵在随着全球化的进行而不断丰富。

第三，区域治理的层次逐渐清晰化。区域治理依据主体以及治理的内容与范围可以分为宏观区域、次区域、中观区域、微观区域四个治理层次。宏观区域是指洲际之内由民族国家结合各国的规则形成的组织联合体，比如“欧盟”“东盟”“亚太经济合作组织”等。宏观区域的区域治理涉及“高政治”领域或者是与“高政治”领域密切相关的议题，如经济、安全等。次区域治理是一种地区性多边国家相结合的联合体，集中力量针对某一类问题进行解决。次区域的地理范围小于宏观区域范围，主要以周边某几个国家或地区通过协议共同建立合作的框架，同时次区域治理的范围也主要以区域性的“低政治”或非传统安全问题为主。

三、区域治理的机制化发展

区域治理需要国家行为体与非国家行为体围绕共同的利益诉求建立明确的治理机制。机制是指组织结构、相关活动的规则章程以及决议和执行的程序体制。区域治理需要建立域内国家权力之上的行为准则，通过行为准则对各个国家与地区提出具体的责任要求。区域治理需要达成一个范围内的合力，这个合力需要通过构建机制化来实现。

区域治理的机制化从动因上来说，是某种程度上利益、规范与认同的内化过程。区域治理所带来的收益是域内国家所共享的，以某个国家的利益为标准的治理是难以维持下去的。就如同西北太平洋行动计划所涉及的合作领域是域内国家所共同关切的环境问题。正因为东北亚各国面临不同程度的海洋环境危机，协同治理各国邻海以及海岸地区污染问题就契合了区域内各国的共同利益。

区域主义所呈现的“去中心化”特征深深地影响着区域治理的路径。冷战后国际格局的多级化、多边化趋势为区域主义的“去中心化”提供了发展可能性。国家权力的分散与地区性力量的崛起改变了过去以某些大国为主导的治理模式，各地区的独立性不断增强。区域治理的路径也是以地区间合作为主，强调地区的主导作用，并排斥域外国家、地区力量的干预与影响。因此，区域国家行为体所关注的领域更加多元化，区域治理的客体也就呈现出多元化的特征。从区域治理的主体与客体关系上来看，两者是相互依存并相互促进的。区域治理客体意味着治理的需求，而区域治理的主体代表着治理的供给，治理需求的增加带动治理供给的增加，而治理供给的丰富化也带给治理需求丰富化的可能性。

从区域治理的机制化表现来说，就是一系列相关条约、法律、合作框架、议定及协议的产生。区域治理正是需要通过一定的约束力来达到共同遵守规定的目的，否则治理的结果必定是失败的。因此，可以说区域治理的机制化是确立这种约束力并保障治理有效性的重要工具。目前区域治理的主要参与者还是政府间组织，这就使区域治理带有行政管理的内涵。区域治理的机制化增强了合作规范意识，为多中心的治理体系提供内在权力的平衡。区域治理机制设计的核心内容就是激励相容与信息效率。激励相容需要达到主体的最大预期收益，而信息效率需要各主体建立分享的平台来降低信息成本。

区域治理理论顺应了时代的发展，强调了区域合作中的“共有意志”，结合区域主义的思想理论，形成了区域化与全球化并存、治理主体与客体多元化发展、区域治理层次清晰化等特征。另外，区域治理在国际社会中正在向机制化迈进，通过跨国家、跨地区及多领域的路径探索适应多极化趋势的发展方式。在未来，区域主义与区域治理将会深层次融合，在应对非传统安全与突发性事件中扮演更加重要的角色。

第四节　地下经济区域差别化治理

地下经济由于其活动具有一定程度的隐蔽性，因此，在国家数据统计过程中经常被忽略。但是随着地下经济近些年实证研究的深入，其规模和增长已经成为不可忽视的国家经济组成部分，这意味着迫切需要相关的治理研究调控、限制现有的地下经济规模。

中国地下经济研究的开展工作进行得较晚，且绝大部分研究集中于地下经济规模核算这一领域中，在地下经济的分布规律和治理方略领域有许多不完善的地方需要进一步讨论和填充。现有的研究结果表明，地下经济的区域差别显著，泛化单一的治理方略显然无法适应复杂的分布特征。对此，将进一步归纳总结现有的地下经济测算方法和影响分析，从而找出更具普遍意义的治理方略，为经济社会发展提供借鉴和参考。

一、地下经济规模的估计测算

（一）现金比率法及其改进

现金比率法是世界上应用得最为广泛的一种实证估测方法，其测算较为简单，数据的可获得性高，被国内外学者大量使用。早在 1980 年，Tanzi 便率先采用货币需求法对地下经济规模进行测算。我国的梁朋、梁云最早依据 1985—1995 年数据对地下经济的规模进行了一系列的测算。在此之后，国内朱小斌和杨缅昆、夏南新、周婵、刘洪和夏帆、徐像取、张志超等众多学者均基本沿用这一方法或在此基础上进行一定的修正。但是现金比率模型本身存在不适合我国国情以及测算方法的许多不完善的方面，且在这一时期有关地下经济的测算以借鉴和修正为主，缺少大规模的创新。

（二）测算方法的创新

夏南新受印度学者盖本塔和米塔 (以下简称 G・M) 设计的以经济中电子消耗状况为基础的估算地下经济规模的方法启示，清晰地认识到在当今技术日新月异的时代 G・M 法试图通过找出“多余”的电力消费来导出地下经济的规模值是不现实的，在此基础上提出了“货运量法”。尽管这一方法也存在很大的不足，但从方法层面上看到了物流业发展的巨大趋势，说明从货运量角度来估测地下经济规模是有充足事实根据的，且对于测算方法也是有创新意义的。

夏南新再次看到了地下经济活动的隐蔽性特征和收入的灰色，针对这些特征，现有的现金比率法或是白化形式的计量经济模型都无法满足信息不完全系统的要求。而类似于灰色系统或模糊数学等计量方法显然更适合地下经济规模的估测。在《灰色系统模型在估测地下经济规模中的应用》一文中，便利用了灰色系统模型对能源生产消费总量进行估测，并通过能源生产消费总量来估测GDP，由此可以间接推断出地下经济规模。灰色建模方法是一种将内涵外延化、外延内涵均取的方法，其中的因果关系不一定要明确，且理论之中的灰关联空间更是克服了统计中追求大样本和典型分布的弱点，这些优势都在一定程度上保证了预测的客观性和可检验性。

李金昌和徐蔼婷同时提出了两种新的估测地下经济的方法："居民消费储蓄边际倾向弹性系数估算法"和"预期与分布滞后模型估算法"，徐蔼婷还从直接调查的角度采用了居民调查收入差额法。虽然这些方法不够完善，数据有些片面，却创新性地丰富了现有的地下经济测算方法。

赵黎用现金需求法和货币交易法对我国不同时段的未被观测经济（NOE）规模进行了估算，这是地下经济测算的另一大发展。但是通过单一指标估算NOE规模难免出现影响因素的遗漏，且NOE估算结果对影响因素指标的依赖性太强，影响因素指标稍有波动就可能引起NOE估算结果很大的震荡，极大地影响了估算的精确性和有效性。

徐蔼婷、李金昌便在此方法的基础上进行了改进，根据结构方程原理，构建出中国的MIMIC模型，以经济普查的实际数据为依据估算了历年未被观测经济规模NOE与GDP之比率，以此刻画出了1985年以来地下经济在我国的发展态势，得出了较为客观的结论。此后，杨灿明、孙群力也都应用MIMIC模型法对我国的灰色经济进行了估算，但是MIMIC模型所得的结果是基于变量长期均衡关系所得到的，并没有考虑变量短期关系，这使得短期和长期的测算结果有了较大差异，对于我国这样一个经历经济体制转轨的国家来说显然是不合适的。

刘国风、王永在综合了上述估测方法的利弊之后，利用误差修正（ECM）模型思想、结合MIMIC模型，分别从长短期关系构建原因变量和指标变量的关系形式建立了结构方程（EMIMIC）模型，通过极小化样本协方差矩阵与预测模型协方差矩阵之间的差异度测算出潜在变量的值，对我国1979—2009年灰色经济的规模分别进行长期和短期测算，最终将这一时期我国灰色经济规模变化划分为"急速增加""迅速降低""缓慢持续增加"三个阶段。

二、地下经济的影响及应用政策分析

有关地下经济带来的影响机制分析，现有的研究大都肯定了地下经济在特定时期、特定条件之下能为经济发展产生正向影响。但更多的现有研究都从正规经济、社会活动、政治过程、国家安全等角度论证了不加限制的地下经济会对一国经济带来难以控制的负面影响。

出于对我国近些年持续不断增长态势的地下经济规模的考量，梁朋、梁云在《关于我国地下经济规模的测估及思考》中提出了地下经济可能对国民经济运行及宏观调控产生的几点重大影响。从积极的方面考量，吸纳了部分劳动力就业，在特定时期、特定条件下还可以推动市场机制完善，熨平地下经济波动效果。但是其负面的影响可能在于隐藏的这些经济信号会使作为宏观经济调控决策重要依据的各项指标发生扭曲，影响对宏观经济形势的判断，更为直观的影响是我国将流失规模相当可观的税收。

张向达在《地下经济与收入分配的关系探析》中专门从收入分配与地下经济的关系角度对地下经济进行了探讨。其认为地下经济是产生收入分配问题的原因之一，收入分配问题是地下经济的必然结果。具体来说，地下经济的存在使得生产者在获得收入的机会上不平等，而这种收入分配机会的不平等必然导致收入分配结果的不平等。因此，控制地下经济的规模与合理收入分配应并行不悖。

基于地下经济带来的消极影响，刘斌麟在《当前我国地下经济的危害、成因和对策》一文中提出更为系统地从经济、教育、法律和行政四种综合手段入手来抑制地下经济的发展。王永兴在《“地下经济”注重表现触发的国家安全》一文中更是以国家安全作为切入点，从国家政治安全、经济安全、科技文化安全层面分别指出地下经济可以通过发展与游说活动相关的腐败寻租活动影响我国的国家政治安全，通过扭曲真实经济数据、加剧税收漏出、引发资源错配等方式影响我国的国家经济安全，通过“技术走私”、文化渗透改变人们的价值观和生活方式等来影响我国的科技文化安全。面对地下经济对国家多维度的负面影响，笔者参考了国内外关于地下经济发展的主要诱因的研究成果，进一步指出降低微观经济主体的实际税负是解决地下经济的重要抓手，通过降低税率、简化税制、修缮税法，多方面切实地解决税负问题，此外，转变政府职能也是重要的突破点。其从国家安全角度的分析是对地下经济影响的重要角度补充。

三、其他研究视角

除了按照原有技术路线的分析路径对地下经济研究进行梳理之外，近些年出现了许多偏向实证的研究视角，对进一步丰富地下经济的研究有重要意义。

王永兴在《中国地下经济的区域分布特征研究》一文中提出以我国省际数据为样本，利用系统聚类分析的方法研究了我国地下经济的区域特征，分析结果也证明了我国区域间的地下经济发展状况差距较大且在不同区域中起主导的因素也不尽相同。这一发现为我国进一步控制地下经济提供新的视角，要从区域的差异特征入手分头治理。在此基础上，王永兴、景维民又采用层次聚类的方法对中国地下经济的区域分化特征进行了深入研究，最终分析结果认定进行差别化的地下经济治理政策对我国控制地下经济具有重要的现实意义。

除了对中国地下经济研究的补充之外，王永兴、景维民还将视角聚焦到全球范围之内，从全球治理的宏观视角研究世界主要经济体的地下经济发展情况，并在此基础上对其发展规律进行了初步总结。通过结合不同国家或地区地下经济发展的情况，加深了对我国地下经济问题的理解，也进一步说明了全球治理的重要意义。

第五章　区域经济产业结构

第一节　优化产业结构推动区域经济发展

我国经济的发展需要各个区域经济的发展共同推动。长期以来，区域的发展以产业的发展为主线，政策的制定及规划的形成都要围绕产业的发展。产业结构对于产业发展甚至区域经济增长的推动差异较大，产业结构不合理现象依然严重。优化产业结构已然成为当前区域经济发展的重要任务。

一、产业结构与区域经济

产业结构是指各产业的构成及各产业之间的联系和比例关系。各个产业的构成及其之间的联系与比例关系不同，对经济增长的贡献也有所不同。所以，应把包括产业构成和各产业之间的相互关系在内的结构特征概括为产业结构。产业结构包括产业结构本身、技术结构、产业布局、产业组织和产业链五个要素。产业结构优化，指的是推动产业结构合理化和产业结构高级化发展的过程，它是实现产业结构与资源供给结构、技术结构、需求结构相适应的状态。产业结构合理化主要指产业及产业间协调能力的加强和关联水平的提高，能促进国民经济各产业之间的协调发展，使各产业发展与整个国民经济发展相适应。

区域经济是指在一定区域内经济发展的内部因素与外部条件相互作用而产生的生产综合体，以一定的地域为范围，并与经济要素及其分布密切结合的区域发展实体。在这个综合体里，无论它的空间范围有多大，人的经济活动只是国民经济中的一个空间层次；而无论其空间范围有多小，人的经济活动总是具有某种程度的综合性特征。区域经济学作为一门应用经济学，是建立在经济地理学基础之上的，应用经济学的基本理论和方法研究空间问题，即研究地理位置、自然资源环境等条件对人们的经济活动和相应的资源配置过程的制约和影响，是一门关于人的空间经济活动规律和经济的区域秩序和区域组织的科学。

二、产业结构优化与区域经济持续稳定发展

优化产业结构，要以重点带动全面。根据实际情况，从优化支柱产业结构开始，顺便带动大批关联产业的发展，从而推动区域经济的整体发展。优化支柱产业结构，要做到确定目标、择优扶持、集中突破、注重提高，增强自主开发能力，形成规模，提高市场占有率等。从优化的对象角度来看，产业结构优化主要包括供给结构优化、需求结构优化、区域贸易结构优化和区域投资结构优化四个方面的内容：一是供给结构的优化。供给结构，指的是在既定的价格条件下作为生产要素的资本、劳动力、技术和自然资源等在国民经济各产业间可以供应的比例，以及以这种供给关系为连接纽带的产业关联关系。二是需求结构的优化。需求结构，指的是在一定的收入水平条件下，政府、企业或是个人所能够承担的对各产业产品和服务的需求比例，以及以这种需求为连接纽带的产业关联关系。需求结构包括政府需求结构、企业需求结构、家庭需求结构和个人需求结构及以上各种需求的比例关系。三是区域贸易结构的优化。从广义上来讲，区域贸易结构是指一定时期内，区域经济贸易中各产业货物贸易或服务贸易的构成情况。狭义上是指在一定时期内，区域经济贸易中各种商品的构成情况；也包括以这种贸易关系为连接纽带的产业关联关系，区域贸易结构包括不同产业间的贸易结构和同一产业间的贸易结构。四是区域投资结构的优化。区域投资包括区域内资本的流出和区域外资本的流入。对外投资会导致本区域内产业的对外转移，外来投资则会促使区域外产业的对内转移。二者都会引起区域内产业结构的变化。区域投资结构，指的就是对外投资与外来投资的比例结构，以及对外投资在不同产业之间的比例和外来投资在本区域内不同产业之间的比例及各种派生出来的结构指标。

产业结构优化对于区域经济的持续稳定协调发展具有重要的推动作用。它是社会再生产正常进行必不可少的条件，是取得最佳经济效益的前提和基础，是经济成长的客观要求。产业结构优化是区域经济结构优化和增长方式转变的迫切要求。产业结构优化的过程，就是提高产业结构作为资源转换器效能的过程。推进产业结构优化的首要任务是促进产业由高耗向高效转变，由粗加工向深加工转变，由低端向高端转变，促进产业做大做强。

产业结构优化的核心是社会生产技术基础更新所引发的产业结构的改进。由于新技术的开发、引进、应用、扩散，引起高新技术产业发展和传统产业的更替和改造，这说明产业结构的优化升级是以技术创新为前提的。

产业结构优化升级是增强产业结构转换能力的重要力量。在社会再生产过程中，产

业结构的调整与优化促使技术条件不断更新，进而促进产业结构不断更新，形成新的组合。需要增强传统产业向现代产业转换的能力，技术含量低的产业向技术含量高的产业转换的能力，从而引起社会生产力发生质的飞跃，实现产业结构优化。

产业结构优化升级是提高经济资源配置效率的客观要求。实际上，产业结构可以看作是资源转换器，而产业结构优化就是这一资源转换器运转的效率和质量不断提高的基础。

产业结构优化升级是实现经济增长的重要支撑力量。现代经济增长主要取决于产业结构的聚合效益，即产业间及产业内各部门间通过合理关联和组合，使组合后的整体功能大于整合前单个产业或单个部门的功能之和。产业结构优化是增强产业聚合效应的重要手段，也是支撑区域经济协调发展的重要力量；经济增长也会为产业结构优化提供相适应的物质基础，实现产业结构优化与经济增长的良性循环。

由于产业结构优化直接关系着由产业结构优化状况决定的区域经济发展的潜力和前景，因此，产业结构优化在区域经济发展中有着重要意义。科技进步是产业结构调整和优化的基本动力，是经济发展的重要条件。新兴产业替代传统产业也是产业结构优化的一种表现，同时科技进步又可以促进新兴产业的形成。一方面，科技进步推动对传统产业的技术改造；另一方面，新技术的发明与应用又会促进深化分工，开拓新的产业部门，从而达到促进经济发展的目的。

三、区域产业结构优化的管理对策

深化经济管理体制改革。经济管理体制改革是区域产业结构优化必要的体制保证。首先，要建立市场主体，调整产权关系，使企业财产关系明晰化；其次，需要转变政府职能，严格政企分开，将经济发展中的责、权、利统一于经济主体，提高投资者的风险意识和约束力；最后，在建立和完善市场体系的同时，要持续深化财政和金融体制改革，健全调控手段，使各级政府投资只能根据收入来确定，促使投资结构合理化。市场经济条件下的金融市场，本质上就是资金市场、股票市场和国债市场三者的内在统一。实行直接融资与间接融资的经营方式，有利于区域产业结构的调整和优化，有利于促进区域经济的发展。

制定合理的区域产业政策。市场经济条件下，产业政策是国家通过必要的干预投资等各种经济活动，实现资源在各个区域和各个产业的最优配置。要实现区域产业结构优化与整体经济发展的对接，力争在一个地区使一两个新兴技术部门占据优势地位，为区域经济的稳定发展打下基础；与此同时，在制定产业政策方面，无论经济发展目标和策略选择有何不同，都应当把区域产业结构优化与技术结构升级结合起来。一定要注意产业政策体系的整体配套和相互协调，形成合力，确保综合发挥它们的作用，避免彼此遏制、相互抵消力量。

充分发挥科学技术是第一生产力的作用，提高产业技术结构，促使区域产业结构优化。为提高区域产业结构，促使区域产业结构优化，为更快地发展区域经济奠定基础，必须从两个方面进行工作。第一，需要及时采用最新技术成果，根据计划建立一批新兴工业。就当前来看，尤其要重点发展电子工业，逐渐降低那些耗能耗物比较多的传统产业在整个区域产业结构中的比重，同时不断提升技术起决定作用的新兴产业在区域产业结构中的比重。第二，在建立区域新兴产业的同时，用新技术逐渐改造原来的区域传统产业，促进原有产业部门的更新换代，逐步将包括传统产业在内的整个区域产业结构建立在新的技术基础上，确保以“劳动密集型”“资金资源密集型”为主的区域产业结构逐渐向以“知识技术密集型”为主的区域产业结构的转化，从而实现区域产业结构的优化。

随着经济发展、技术进步及整体市场环境的不断变化，区域产业内部结构也会随之发生相应的变化。当区域产业内部结构的变化适应以上各种因素的变化时，就是一种相对合理的产业结构，就能够促进区域经济的发展；反之，当区域产业结构的变化不适应上述各种因素的变化时，就会阻碍区域经济的发展。因此，应及时采取有力措施（如通过加强对区域产业结构优化的宏观管理和指导；加快工业组织结构优化，形成专业化分工明确的组织生产体系；发展循环经济，建立健全服务业的管理体制等）促进区域产业结构的调整与优化，从而促进区域经济的协调发展。

第二节　产业结构调整对区域经济增长的作用机理

现代经济发展最为明显的特征是社会分工的日益精细化，这也使经济结构调整效益的地位更加重要，并逐步成为现代经济增长的有力支撑点。发达地区的发展经验一再表明，产业结构的调整和优化是加速区域经济增长的现实要求。这对正面临产业结构转型和经济发展方式转变的欠发达地区来说，具有很大的现实借鉴意义。

一、产业结构与经济增长关系的研究综述

一直以来，产业结构与经济增长的关系都是现代经济发展理论的研究热点。对这一问题的研究最早可以追溯到 17 世纪英国的古典政治经济学家威廉·配第，他认为：“不同产业的收入差异会推动劳动力向高收入产业流动，进而实现产业结构演进。”英国经

济学家约翰·贝茨·克拉克发展了威廉·配第的理论，提出了著名的“配第—克拉克定理”。美国经济学家惠特曼·罗斯托认为，“经济增长本质上是一个部门的过程，产业结构的不断优化会带动经济的增长”。进入20世纪60年代后期，这一问题研究的实证性和地域性色彩更加浓厚。西蒙·库兹涅茨通过对美国1948—1966年经济增长状况的研究，重点论证了产业结构对经济增长的影响，认为经济增长的10%是由产业结构变动造成的。美国另一位经济学家霍利斯·钱纳里则提出，“经济增长是一种非均衡的增长，这种非均衡增长所引起的生产要素从低收益部门向高收益部门的流动必然产生结构效应，并且这种结构效应对经济增长起着决定性作用”。戴尔·乔根森通过国际比较法研究了美国经济增长的根源，论证了产业结构变化对经济增长的促进作用。进入21世纪以来，特别是随着我国经济的转型发展，国内学者对产业结构变化和经济增长关系的研究不断增多。刘志彪用Moore结构变化指标测算出我国1978—1999年产业结构的变动度，论证了产业结构快速变化是支持经济高速增长的动因。张晓明构建了我国产业结构与经济增长的关系模型。干春晖通过分析产业结构合理化和高级化两个指标与经济增长指标之间的关系，研究了我国产业结构变迁对经济增长和波动的影响。近年来，李懿洋、金春雨、田红、于雪原等众多专家学者，结合区域具体时点的经济发展数据指标，对产业结构变化与经济增长进行了直观的实证分析，并提出了加快传统产业升级和经济可持续发展的相关建议。由此可见，对于产业结构变化与经济增长的关系，国内外学者普遍认为，产业结构的升级可以促进经济的增长；同样，经济的增长会反过来促进产业结构的变化、演进和升级，二者存在辩证的互动关系。

二、产业结构变化对区域经济增长的作用机理

通过以上梳理和分析可以看出，区域经济增长与产业结构的变化密切相关，产业结构的调整和优化会促进区域经济的发展。而在产业结构调整的过程中，主导产业升级是区域产业结构升级的主要动力，特别是技术进步会推动新产业的出现，并使产业结构不断向高级化发展。

（一）产业结构调整和优化能加速区域经济增长

产业结构的调整和优化实质上是自然资源、劳动力和资本等生产要素，在市场规律作用下，在不同部门、不同区域间的重新组合与配置。在这一调整和优化的过程中，产业结构变化对经济发展起到的推动作用，主要是由产业部门之间增长率不同促成的。具体地说，由于不同产业部门的增长率不同，为了实现经济的持续增长，就需要将经济资源由低增长率的部门和区域向高增长率的部门和区域转移，这是遵循基本经济发展规律

的；反之，如果没有这种变化，增长率高的部门和区域就不能实现资源增长，或者说增长会比较缓慢，甚至不会出现经济增长。因此，只有在结构变化伴随着一定资源转移的时候，才能够真正地实现经济增长的目标。当前，在新一轮经济体制改革过程中，各个区域都在为加速推进新型工业化道路、发展现代产业体系进行着深层次的经济结构调整和优化。可以说，产业结构的调整和优化是促进新一轮区域经济增长的核心和关键。

（二）主导产业升级是区域产业结构升级的动力

在产业结构中，主导产业处于主要的支配地位，比重较大，综合效益较高，对国民经济的驱动作用较大。主导产业区别于其他产业的特征是：代表了科学技术的最新发展趋势，具有超出国民经济总增长率的部门高增长率；产业增长的国民经济弹性大，产品的需求收入弹性较高，具有巨大的市场潜力和发展前景；具有明显的关联带动和扩散效应，对其他产业发展具有很大的带动作用。主导产业的这些特点也决定了其是区域产业结构的核心和动力，对一定阶段的技术进步和产业结构升级转换具有关键性的导向和推动作用，对经济增长具有很强的带动性和扩散性。因此，面向区域经济的快速发展，产业结构的调整和优化必然首先要求主导产业升级。这一升级的过程实质上就是更高层次的产业替代原有产业成为新的主导产业的过程，新的主导产业的产生又会通过产业间的经济技术联系带动一批更先进的、技术水平更高的相关产业的发展，从而促进区域整体产业结构升级，大大提高劳动生产率，推动区域经济发展。

（三）技术进步推动产业结构不断向高级化发展

科学技术是第一生产力，技术进步是社会进步的持久动力，也是产业发展的主要源泉。用高新技术改造传统产业，实现产业结构的高级化是当前传统产业发展的基本诉求，也是推动产业结构转型升级的重要策略。所谓产业结构的高级化，主要指的是经济发展重点或产业结构重心由第一产业向第二产业和第三产业逐次转移的过程。一般而言，技术进步推动产业结构向高级化发展的作用主要表现在以下方面：技术进步促使劳动对象、劳动手段的改进和劳动者素质的提高，促进产业的发展；技术进步引起生产组织和生产方式的变化促进产业的发展；技术进步创造新的市场需求拉动产业的发展。另外，技术进步还能够提高社会劳动生产率，在促进产业分工深化的同时，培养和孕育新兴产业，使产业结构不断向高级化发展。

三、淮安苏北重要中心城市建设中产业结构优化的建议

产业结构的适时调整、优化和升级，是区域经济快速协调发展的基本保证。近年来，淮安市各产业稳步发展，三次产业比重主要呈现“二降一升”的趋势，实现了经济增长

与优化结构的良性结合，推动了经济的快速增长。

由此可见，淮安市产业结构变化对经济增长的贡献率(11.7%)高于省平均贡献率(7.3%)。显性的数据表明，淮安市通过优化产业结构，在提高产业效益和竞争力、整体经济实力方面，取得了一定的成绩。但是，我们也应该看到，受传统产业改革受阻、产业技术创新能力差等因素的影响，淮安市经济增长速度略低于省平均增长速度。根据江苏省统计局数据，淮安市2012年第二、三产业比重为87.1%，比全省低6.6个百分点，在全省居第十位，在苏北居第二位。按照现代经济发展理论，产业结构演进的最高状态是第三产业所占比重最大，第一产业比重最小，这一过程也被看作是产业结构高级化的过程。综合来看，无论从产业结构比例还是从城市经济发展水平来看，淮安市目前基本上处于工业化初期向中期过渡阶段，产业结构和经济发展正处于转型升级的调整时期。2012年，《省委省政府关于加快淮安苏北重要中心城市建设的意见》提出："以加快国家级、省级开发区建设为重点，充分利用资源禀赋、产业特色和发展基础，做大做强支柱产业，加快培育新兴产业，改造提升传统产业，大力发展现代服务业……到'十二五'末，科技进步对经济增长的贡献率达50%以上。"淮安市应结合苏北重要中心城市建设实际，采取切实可行的措施加速产业结构的调整和优化，继续培育和发展主导产业，顺利实现产业结构升级，形成新的经济增长点，促进区域经济的可持续增长。

(一)加快传统产业优化升级，继续提升第二、三产业的比例

近年来，淮安市着力打造台资集聚、浙商投资、产业转移"三个高地"，在加快农业现代化转型的基础上，注重强化农业与工业、服务业的紧密联系，紧紧抓住国家将淮安纳入长三角经济圈的发展机遇，积极利用经济开发区对工业、服务业的载体作用，着力发展新型工业和现代服务业，产生了一批辐射面广、带动力强的龙头企业，产业结构得到明显的改善。然而，相对苏北和苏中城市，第二、三产业占比不高的事实仍然在一定程度上存在，淮安农业大市的局面没有从根本上改变，如果这一状况得不到根本改变，必将阻碍淮安经济的进一步增长。根据珠三角和苏南发达城市经济发展的普遍规律，第三产业在产业结构中的比例日趋优化并成为支撑经济增长的主要杠杆，而且经济增长越快比重提升也会越快。为此，在苏北重要中心城市建设的大背景下，淮安市应当进一步挖掘传统行业的发展潜力，继续加大对新型工业和现代服务业的政策支持和投资力度，推动先进制造业与现代服务业融合发展，重视产业配套和传统产业链的延伸，继续提升第二、三产业在三大产业中的占比，进一步优化产业发展布局，努力建成长三角北部地区先进制造业基地和现代服务业高地，为区域经济增长奠定坚实的物质支撑。

（二）发挥主导产业集聚效应，着力打造地方特色产业群

从马克思主义生产和消费的关系来看，生产结构变化会创造出新的需求，而消费结构的变动又会影响和推动生产结构的变化。当前淮安市产业结构存在的一个突出问题就是社会生产与市场需求变化不太适应，造成部分中小企业的生产困局，而适应市场需求和结构升级的新产品却供不应求。要改变这种状况，必须按照产业发展的内在规律，确立和培育符合市场需求的主导产业，并根据地方经济的发展变化，对主导产业进行适时调整和优化，促进产业结构由低层次向高层次发展，从而全面推动经济的跨越式增长。目前，淮安市初步形成了特钢、电子信息、盐化工、节能环保、食品五大主导产业，这五大主导产业占规模以上工业总产值的比重达到55%。但是，同淮安市正处于“追赶型”经济发展阶段一样，这些产业部分仍处于培育期，许多产业主要体现在个别产品的优势上，产业链分工尚不明显，产业配套尚不完善，产业集聚效应未能得到充分发挥。因此，淮安市要在此基础上，立足资源优势和产业基础，努力推进产业聚集，提升产业发展层次，发挥产业的规模经济效益，加快盐化工、太阳能等特色产业基地的建设，推动盐碱科技产业园和各类特色园区的发展，高标准打造全国特钢产业链研发生产基地、全国电子信息产业基地、中国“新盐都”、全国节能环保示范基地和食品生产基地，避免地区产业结构趋同，形成有效竞争优势，同时最大限度地减少资源消耗，提高社会资源的配置效益。

（三）加快发展高新技术产业，提升产业的整体竞争能力

信息化时代的科学技术突飞猛进，已然成为区域经济发展的主要推动力量。因此，淮安市产业结构调整必须紧跟时代潮流，主动利用高新技术发展高新技术产业，努力缩小与发达地区的经济差距。淮安市经济技术开发区建设时间不长，高新技术企业入驻相对不足。在入驻的高新技术产业中还存在一些问题，具有自主知识产权的核心技术开发能力相对较弱，高新技术产业的技术来源主要依靠技术引进，仅有的几个大中型企业尚未成为高新技术开发和研究的主体，缺乏一定的工程化和产业化转化能力。而限于资源的稀缺性，发展高新技术产业，必须重点选择对经济发展有全局影响的关键技术产业，集中必要的人力、物力、财力进行全力攻关。要进一步提升产业技术，完善技术创新机制。建议政府在信贷、税收、经费投入、人才引进等方面重点扶植的基础上，支持和鼓励企业参与技术创新和自主研发，提高科技进步的技术支撑能力，努力形成具有自主知识产权的品牌特色产品，进而形成产业的科技含量和技术附加值。当然，发展高新技术产业并不意味着对传统产业的全面否定。特别是在淮安市经济社会建设欠发达局面没有得到根本改变的情况下，传统产业依然有着广阔的市场需求，是整体经济实力的重要支

撑。也就是说，高新技术产业与传统产业并不是简单的替代关系，而是在技术层面上改造与被改造的关系。即坚持信息化带动工业化的战略，健全和完善相关产业政策，坚决淘汰落后的生产能力，杜绝同一技术水平下的重复建设，重点做好产品结构的技术性调整，加快产业优化升级的步伐，提升产业的整体竞争能力。

第三节　循环经济模式下的区域产业结构优化

长期以来，中国的经济增长主要依赖大规模的物质和资源投入，这种高消耗、高耗能、高污染和低效率的粗放式经济增长方式直接导致自然资源的枯竭和生态环境的严重破坏。传统的“资源—产品—污染排放”的单向线形生产模式，以及以资源消耗型制造业为主的滞后产业结构，已经严重影响和制约了中国经济的发展。在此背景下，国家提出了转变经济增长方式，调整产业结构的发展战略，“十一五”规划更是明确提出要落实节约资源和保护环境的基本国策，建设资源节约型和环境友好型社会。因此，大力发展循环经济，积极调整和优化产业结构就成为新时期中国经济快速增长和可持续发展的必然选择。而作为直接影响着资源配置效率和产业素质高低的区域产业结构，就成为调整的重点和关键。

天津滨海新区在国家“十一五”规划将其纳入全国总体发展战略布局之后，取得了令人瞩目的成绩，成为又一带动区域发展的新的经济增长极。然而，随着滨海新区经济的快速发展，能源、土地、水等资源供需矛盾日益突出，环境污染和生态破坏程度也在日益加剧。究其原因，与其产业结构发展不平衡特别是传统资源消耗型产业比重较大有直接关系。因此，本节将以天津滨海新区的产业结构调整和优化为例，阐述一种基于循环经济的产业结构优化新模式，以期对环渤海经济圈乃至全国其他区域发展循环经济和进行产业结构调整起到一定的借鉴和示范作用。

一、循环经济的概念与发展

早在20世纪60年代，美国经济学家波尔就提出了循环经济的概念。循环经济是在可持续发展思想指导下的一种闭环物质流动型经济。它的含义是在资源投入、企业生产、产品消费及其废弃的全过程中，把传统的依赖资源消耗的线形增长经济模式，转变为依靠生态型资源循环来发展的经济模式，即按照清洁生产的方式，对能源及其废弃物进行综合利用，把经济活动组成一个“资源—产品—再生资源”的反馈式流程。目标是达到自然资源的低投入、高利用和废弃物的低排放。循环经济有三大操作原则，即“减量化(reduce)、再利用(reuse)、再循环(recycle)”。减量化属于输入端方法，主要是减少进入生产和消费过程的资源(原料和能源等)；再利用属于过程性方法，目的是延长产品和服务的时间强度，提高产品、物流装备（如包装容器）和服务的利用效率；再循环属于输出端方法，要求物品完成使用后重新变成可利用或可再生资源以减少末端处理负荷。

传统经济“资源—产品—污染排放”的单向线形生产模式，或者是近年来的“先污染，后治理”的环保理念，都带来了自然资源的过度开采利用和污染物的超常规排放。循环经济理念的产生和发展，在一定程度上反映了人类对人与自然关系的深刻反思，也表明了人类希望能够做到经济的增长不以环境的破坏和资源的枯竭为代价，真正做到可持续发展的决心。循环经济要求人类在生产和消费的所有领域都能做到物尽其用，不给环境造成危害，并且要在传统工业经济的线形技术范式基础上，增加反馈机制。在微观层面上，要求企业横向技术体系拓宽，将生产过程中产生的废弃物进行回收利用和无害处理；纵向延长价值链条，从生产产品延伸到废旧产品处理和再生。在宏观层面上，要求资源实现跨产业循环利用，整个社会体系实现网络化，综合对废弃物进行无害化处理。

二、天津滨海新区产业发展现状及其存在的问题

(一)产业发展现状

自1994年建区以来，滨海新区产业发展的成就有目共睹。新区GDP从1994年的112.36亿元增长到2009年的3810.67亿元，年均递增约22.3%。2009年，第一产业完成增加值7.43亿元，增长5.5%；第二产业完成增加值2569.87亿元，增长24.7%；第三产业完成增加值1233.37亿元，增长20.8%，三次产业比重为0.2 ∶ 67.4 ∶ 32.4。在天津中心城区的支持下，经过十几年的建设，新区逐渐形成以电子信息、石油开采及加工、机械制造、现代冶金、海洋化工、食品加工和现代医药七大优势产业为核心的产业布局。2009年，七大优势产业工业总产值占全区工业产值的比重为87.2%。

总体来说，在滨海新区产业结构中，制造业依然占绝对优势地位，而且门类较为齐全，支柱产业作用比较突出，高新技术产业及先进制造业发展迅猛，具有较强的竞争力。第三产业尤其是服务业发展较为迅速，但相对于制造业的支柱地位及滨海新区功能定位中对服务业的要求而言，发展仍然有些滞后，特别是金融保险、现代物流、信息、研发、管理咨询、教育培训等生产性服务业发展还很不充分，其经济总量占新区经济总量的比值远落后于制造业。

（二）产业发展过程中存在的问题

支柱产业中传统制造业比重较大，环境污染、生态破坏及资源短缺等现象严重。在滨海新区七大优势产业中，除了电子信息和现代医药两大现代制造业外，其他产业仍然属于传统制造业，滨海新区宜居生态型新城区的建设依然面对较大的生态环境压力。这种压力主要表现在传统工业的三废（废水、废气、粉尘）排放对环境可能产生破坏和污染上。

与此同时，滨海新区作为天津市经济发展的龙头，其生态环境也遭到了严重破坏。大规模填海工程使天然滨海湿地面积大幅减少，导致许多重要的经济鱼、虾、蟹和贝类等海洋生物的产卵、育苗场所消失，海洋渔业资源遭受严重损害，长途迁徙的鸟类饵料数量减少，削弱了鸟类栖息地的功能，生物多样性迅速减少。滨海新区滨岸海域底栖生物群落已处于亚健康状态，其生物多样性指数、均匀度和丰度值均较低。

资源、能源短缺对发展的约束日益突出。天津作为加工工业城市，原材料和市场两头在外，对外依赖性强。随着工业化进程的加快、物质资源的消耗程度增加，特别是重化工业、冶金等行业发展迅速，能源需求量大幅度上升。

其他产业比重相对较低，且其环境状况日益严峻。由于滨海新区特殊的地理位置和其主要功能定位，造成其第一产业（主要指农业）发展较弱，农业用地较少，生产规模偏小，机械化、专业化、集约化、产业化程度不高成为制约农业发展最主要的问题。另外，第三产业（主要指服务业）虽有较大幅度的增长，但是其与第二产业（主要指工业）所占比重仍相去甚远，而且服务业中传统服务业比重偏高，新兴服务业发展不足。2008年批发零售贸易服务业、交通运输仓储业和邮电通信业等传统服务业占服务业的比重达53%，新兴服务业仅占47%。金融保险、现代物流、信息、研发、产品设计、法律、广告、会计、管理咨询、会展、教育培训等生产性服务业发展不充分，仅占服务业比重30%左右。

与此同时，农业和服务业所面临的生态环境状况也不容乐观。农业是滨海新区发展的软肋，除居高不下的农业外源污染（工业污染和城市生活垃圾）和区域外来污染（如上游过境污染）外，滨海新区农业发展还面临着诸如耕地质量较差、水污染日趋严重以及城市发展引发的耕地资源减少等资源环境压力。而第三产业给生态环境带来的干扰主要表现在资源消耗和环境污染方面，尤其是商业、餐饮服务业、交通运输业等行业发展带来的传统污染，如餐饮行业的污水、油烟、燃煤锅炉的烟尘、娱乐业产生的噪声、交通运输业的能源消耗和废气排放等传统污染，以及高危害、高敏感性的高科技污染等。这些问题成为把滨海新区发展成为生态宜居型城区的极大阻力。

三、循环经济模式下的滨海新区产业结构优化方案

（一）依据资源共享和生态共生效应实现工业产业集群，并最终构建生态工业网

如前所述，工业始终是支撑和拉动滨海新区经济发展的支柱性力量，建设成高水平的现代化制造和研发转化基地也是滨海新区重要的战略功能定位。由于新区本身所具备的工业生态多样性及优势产业众多的特点，因此，无法确认某一产业为核心产业，这就需要建立产业集聚型的生态工业体系或者叫生态工业网络，而生态工业网络又由众多的生态工业产业链和补链及辅助型企业构成。因此，依据资源共享理论形成资源高效利用的产业链，同时依据产业生态共生效应实现产业集群，再适当引入补链和辅助型企业，就能最终构建起生态工业网络，从而奠定滨海新区经济与生态和谐发展的基础。例如，针对汽车制造产业，可以重点引进和培育若干家规模大、技术力量强的零部件生产企业，推行清洁生产，并扩大废旧汽车回收，形成汽车分解与汽车废物回收利用的代谢链。这样就从零部件供应到汽车生产再到废弃物回收利用形成了资源的闭环流动和循环利用。

除了产业链上的资源共享和循环利用外，各产业链间也能实现物质、能量和信息的流动与交换。近年来，滨海新区已经构建了生态工业与循环经济信息平台，极大地方便了企业间进行固废弃资源的交换与再利用。有了这些基础条件，各产业链间的企业就可以依据工业生态共生效应进行产业集群，实现更加广泛的资源共享和循环利用。所谓工业生态共生效应，是指不同企业间通过合作，共同提高企业的生存能力和获利能力，同时通过这种共生实现对资源的节约和环境保护。为了更好地实现产业集群，除了产业间的物质、能量和信息流动之外，建立生态工业园区也是一种促进产业集群的有效方式。某一企业的废弃物或者副产品经过加工处理可能转换成另一家或多家企业的原材料，如此循环，使不同产业的企业间实现了资源的循环利用和生态共生。同时，通过虚拟产业链的延伸，使许多因为地理位置限制无法进入工业园区的外部企业同内部企业建立起工业共生关系，实现资源更广泛的循环利用。以滨海新区汉沽循环经济示范区为例：该示范区以北疆电厂为龙头，用发电的余热淡化海水；海水淡化后排出的高浓度盐水晒盐，每年新增原盐 70 万吨；利用制盐母液，生产出溴素等 9 万吨化工产品；同时直接采用浓盐水制盐，盐场不再需要蓄水池等工序节省了盐田，节约了土地；对北疆电厂发电产生的灰渣等废弃物回收再利用，制造地砖等新型环保建材，废物利用大量节约了土地。

（二）大力发展生态农业和现代服务业，形成三产互动体系

农业方面，首先应大力发展以设施农业为代表的沿海都市观光型现代农业，提升设

施农业的综合生产能力和效益水平。比如，汉沽茶淀充分利用“葡萄文化旅游节”等特色农业节庆活动，大力扶持休闲观光农业，带动农户近6000户和葡萄种植15 000亩。其次，应加强科技力量投入，建立生态农业科技园区，大力发展生态农业，形成“从田间到餐桌”的直接食品供给链，实现绿色生产功能。如塘沽的滨海生态农业科技园区，集科技示范功能、生态观光功能、加工物流功能和生活服务功能为一体，让城市人群了解农业、参与农业生产、学习农业科学知识等。最后，针对滨海新区现有面积较少的耕地，发展前景广阔的农业循环经济。比如，麦收后的秸秆经过简单加工既可以带来直接经济效益同时用来养殖奶牛;牲畜粪便可以作为农田肥料，发酵肥料时的沼气又能作为燃料等。

服务业方面，要继续大力发展现代服务业，使生产性服务业和高端服务业在服务业生产总值中的比重快速提高。从滨海新区十几年的发展来看，制造业无论是其经济总量还是其增长速度都要远远超过服务业。这一方面说明新区服务业发展相对滞后，另一方面也说明其发展空间比较大。首先，新区应充分发挥政策优势，以建造区域性金融中心为主轴，发展各种与金融行业相关的服务业，如银行、保险、证券等，为各大跨国公司落户滨海新区创造一个良好的金融环境；其次，以制造业为依托，提升质量控制、人力资源、会计、研发、设计、广告等服务业的质量，弥补制造业产业链高端和低端发展后劲不足的弊端；最后，以文化、旅游、餐饮、创意等生活性服务业为依托，不断丰富和美化人们的生活，提高人们的生活品位。除此之外，在生产、物流和消费等服务业领域，要实现服务业的生态化转型，倡导绿色生产、绿色物流、绿色营销等，减少中间环节的资源浪费和环境污染，与生态工业和生态农业相辅相成、协调发展。

（三）依托辐射周边地区建立更加广泛的循环经济体系，实现产业结构的优化和完善

滨海新区处于环渤海经济区的中心地带，紧密依托京津冀，因此，其自身的发展必然影响周边地区的发展，同时也受这些地区发展的影响。如前文所述，滨海新区的现代化工业是其经济发展的支柱性产业，现代服务业的发展则相对落后。而其周边地区，如北京，以其政治文化中心的集聚效应，已经形成了非常成熟的现代服务业体系，如国际交流中心和金融服务中心，这就能为滨海新区的发展提供良好的投资环境和资金来源。同时，天津的周边省市（如河北省）有着丰富的劳动力资源市场和能源供应市场，这可以为滨海新区的发展提供强大的资源后盾，而滨海新区又能同时带动和辐射其周边地区的经济增长。

另外，要重视与周边地区的产业链对接，构建虚拟型的区域产业循环体系。许多因为地理位置的限制无法规划到新区生态工业园区中的企业，可以通过虚拟产业链的延伸

和工业共生效应进行协作。如海河下游钢材加工企业与河北曹妃甸首钢集团的跨地区合作以促进建设关联紧密、技术一流、带动性强的虚拟生态产业链；北京中关村的微电子信息产业发展相对成熟，可以使新区的电子信息企业与其进行合作，提高京津电子信息产业的总体研发能力，并有效解决北京电子垃圾的回收处理，减少环境污染；天津港与河北黄骅港加强港口战略合作和物流服务合作，形成合理分工、互利共赢格局，共同打造北方国际航运中心和国际物流中心；大港、塘沽的石化产业与唐山、沧州化工产业带的协作，形成配套和共同发展的区域企业共同体等。

本节以天津滨海新区为例，阐述了一种基于循环经济的区域产业结构调整和优化的全新模式。值得注意的是，本节所阐述的模式是在充分考察了天津滨海新区自身产业结构特点、发展现状及其存在问题的基础上提出的。天津特殊的地理位置、城市定位和经过多年发展形成的现有产业结构，决定了工业在滨海新区的经济发展中依然占据支柱性的地位。因此，其调整的重点是在承认和强调工业重要性的基础上对其进行生态化改造。服务业方面，则针对新区目前传统型服务业比重过大的现状，强调了向生产型服务业和高端服务业转变的发展思路，并与生态农业结合，最终与新区的工业形成三产互动协调发展的良性体系。最后，通过资源优势互补及虚拟产业链的延伸和对接，体现滨海新区对其周边地区的依托和辐射，完善了更加广泛的循环经济体系。

在国家提倡产业结构调整和转变经济增长方式的背景下，大力发展循环经济，优化产业结构，不仅是滨海新区实现经济快速增长和可持续发展的必然选择，也是全国各区域经济发展的重点和关键。本节通过列举天津滨海新区的例子，得出以下对策与建议，以期对全国各区域发展循环经济和进行产业结构调整提供一定的参考价值和示范意义。

第一，对工业产业结构的调整，重点在于以循环经济的理念对其进行生态化改造，而改造的过程大体分为三步。首先，应重视每条产业链上的资源共享和循环利用。产业链在进行资源向产品转化的过程中，不但会消耗资源，同时还会产生废物和垃圾。通过引入补链企业，实现对生产各个环节废物的回收、加工和再利用，就能实现产业链上资源的共享和循环利用，同时实现产业链上物质、能量和信息的闭环流动。其次，通过工业生态共生效应实现产业链集群，构建生态工业网络。位于不同产业链上的企业可以因为共生效应进行集聚，使多个企业乃至产业链间实现废弃物到原材料的转化和利用。这样，通过产业链上资源的闭环流动以及产业链间的生态共生，就能够建立起生态工业网络，实现资源的更有效利用。最后，通过虚拟产业链的延伸和对接，实现更加广泛的循环经济体系，完善本区域的工业产业结构。

第二，三次产业间要形成三产互动的体系，以核心产业带动弱势产业，弱势产业在发展中强化核心产业。由于地理位置、发展定位及历史和文化等，每个区域的产业发展状况都不尽相同，因此，其产业结构也就不完全相同。如本节所列举的天津滨海新区，工业特别是制造业是带动整个天津市经济发展的支柱性产业，在这种情况下，服务业和农业要紧密依托制造业的发展，接受制造业的辐射和带动。比如，服务业方面可以重点发展现代金融业，为进驻滨海新区的各大国内外企业提供良好的投资环境和金融服务，而良好的金融环境和服务又能进一步促进工业的发展。当然，对于其他区域而言，应该立足自身区位优势，围绕核心产业，带动其他产业的发展，形成产业间的互补与互动。

第三，加强区域间的合作与交流，实现区位优势的互补及产业链的延伸与对接，进一步完善产业结构。每个区域都有其独特的区位优势和资源优势，相对也就有其劣势，产业结构的调整不能在一个单一的封闭区域中完成，而应该更广泛地利用周边乃至全国各区域优势完善自己，同时带动周边地区。例如，本书中列举的天津滨海新区周边的河北省有着丰富的劳动力资源和能源供给市场，而近邻北京市有着完善的现代服务业体系等，这些都能为滨海新区的发展提供良好的条件，而滨海新区的发展又能带动两地经济的良性和快速增长。另外，不同区域间的相同或相关产业其发展水平可能不同，通过产业链的外延和对接，能够实现不同区域间的产业合作与交流，完善和优化本区域的产业结构。例如，上文中列举的天津滨海新区某些产业与周边地区优势产业进行对接与合作的例子等。

第四节 电子商务对区域经济结构与范围的影响

传统理论中影响区域经济结构和范围的三大要素为自然资源、人力资源和交通运输。随着我国经济转型和市场需求的转变，电子商务作为新兴产业在我国区域经济结构优化和发展中起到了重要的推动作用。

电商产业属于综合性产业，与第一、第二产业及物流业、零售业等发展息息相关，电子商务产业的快速发展带动了相关产业集聚和业态创新，从根本上推动了城乡区域经济结构的转变。电子商务应用水平和现代物流的发展程度成为影响未来区域经济结构和范围的两个新兴要素。电子商务的发展将助推现代物流体系的建立，提高我国商贸流通业的专业化现代化水平，同时高水平的现代化物流业改变着区域经济的产业价值结构，加速区域间的市场流通，进而加大区域经济的扩张范围。电子商务集约化、信息化、低碳化的发展规律符合国家经济新常态下对产业升级的客观要求，因此，大力发展区域电子商务加快转变区域产业结构，对区域经济的良性发展有着重要意义。

一、我国区域经济结构和范围的特点

区域经济结构是指一个区域内经济单位之间与技术、制度相关的组织联系和数量关系，是区域经济的重要影响因素。区域经济结构的组成部分包含产业结构、企业结构、所有制结构、技术结构和要素结构。影响区域经济结构的因素是多方面的，同时区域经济的发展也受自然因素、技术因素、需求结构等客观因素的限制，与政策法规、分配机制和要素市场等因素也息息相关。我国区域经济发展一直存在市场结构不平衡的问题，加之地域条件和政策等客观因素的影响，区域经济发展差距较大。区域经济发展不平衡极大地影响了我国城乡一体化建设进程的推进和区域产业结构的优化，在经济新常态下大力发展电子商务产业，促进区域经济的交互流通拉动内需增长，是实现我国经济由高速增长向中高速增长平稳过渡的必由之路。

（一）区域经济结构发展规律

我国目前的区域经济布局是产业大分工模式的区域经济结构，我国虽然幅员辽阔但人口众多，从人均占有资源比例来看，我国的资源条件十分有限，加之历史因素在对区域经济发展认识上的局限，导致我国区域经济布局不合理。从总体来看，东部沿海地区发展优于内陆中西部地区，城镇地区经济优于乡村地区；从产业结构上来看，产业结构趋同重复建设、资源浪费情况严重，第三产业发展不充分，区域间市场发展不平衡，很多地区仍以资源、人力等生产要素为经济增长的主要引导，产能过剩和内需不足抑制了区域企业的升级转型。

一种理论认为区域经济发展的总体规律呈现出梯度推移，具体表现为在自然环境人文环境优越的地区，可以吸引大量的人力、物力资源，加快这一地区的经济发展，经济发展阶段会吸引更多的优质资源流向这一地区，因此加大了地区间经济发展的不平衡。当发达地区的市场投资处于饱和状态时，生产要素会向次发达地区回流，逐步形成梯度推进，这是市场资源配置所决定的规律。另一种发展极—增长点理论对梯度理论进行了补充，因为在一些经济不发达区域会出现小区域高速发展的现象，这就是发展极效应。发展极—增长点理论认为不同地区的增长速度之所以会出现差距，是因为发达地区的主导产业和行业会因为拥有较多的资源而高速发展，成为地区的发展极并向周边区域辐射，在发展的带动下欠发达地区的相关产业和企业得到了长足发展，不断缩小与发达地区的差距，实现区域间的协调发展。增长点和发展极产业通过技术、信息、要素等渠道向周边辐射，打破区域经济发展的壁垒，实现市场的全面流通。

（二）我国区域经济发展存在的问题

一是区域经济发展不平衡。改革开放以来，东部沿海地区依靠良好的地域环境和人口红利经济迅速腾飞，成为我国经济增长的最前沿。市场经济体制和市场资源配置功能要明显优于中西部地区，经济以平均 10% ~ 11% 的速度增长，长江三角洲和珠江三角洲地区更成为我国的制造业中心。而中西部地区由于地域条件的限制以及区域经济壁垒，市场机制发展并不健全，内需不足和产业形态落后，尤其是东北、西北地区以资源型产业为主，市场活力差，结构不合理，这些因素都阻碍了这些地区的区域经济发展，拉大了我国区域经济的差距。

东部地区近 10 年来 GDP 贡献率达到了 60% 以上，中西部地区与东部发展差距较大；与此同时，发展较好的东部地区同样面临着可持续发展的问题。东部从产业结构来看，制造业是经济增长的支柱型产业，大型工厂和超级大都市的聚集区都超过了当地环境的承载力，对生态和资源的破坏十分不利于当地经济的可持续发展。加之超级大都市的“虹吸效应”，城市的医疗、人口、环境、教育等资源压力较大，地区间资源的不平衡流动，加剧了东西部经济差距。

二是区域产业结构趋同。由于计划经济体制的历史因素，我国在区域经济布局上并不合理。区域产业结构雷同缺少经济特色，许多地区的经济都是依靠资源型产业作为地区经济支撑，存在重复建设资源浪费现象。区域经济合作在于地区间的产业优势进行互补产生协同效应，通过不同行业间的良性合作，达到地区间的互利共赢。但很多地方政府偏重于本地区的经济指标，为了实现政绩不断在资源型产业领域进行重复建设，这就容易造成地区间产业同构，失去区域产业优势，形成市场的过度竞争。

三是地方保护主义严重。一些地方政府为了保护区域利益会设置一些地方保护政策，这就在无形中阻碍了区域间的经济流通和市场资源配置功能的完善。很多受区域保护的产业都是“三高”产业，在市场竞争不充分的情况下，对区域经济的长远健康发展十分不利。区域垄断的形成在空间上挤压了第三产业发展，同时弱化了市场配置资源的功能。作为流动性较大的服务业与其他产业有着较为密切的关联，区域壁垒阻碍了生产要素间的流动和行业间的合作，这也是造成产业结构发展不平衡的主要因素之一。

四是城乡经济发展不平衡。我国城乡市场一直以来处于条块分割状态，二元制经济结构造成了城乡经济发展不平衡。以农业为主的产业结构对资源的依赖性较大，农村地区基础设施建设不完善，产业处于分散状态，导致农村地区在消费、教育、医疗、收入和就业上的差距。因此，转变农村地区经济结构、优化产业结构、积极推进农村第三产业的发展、整合农村市场以扩大内需，是促进城乡经济一体化的根本途径。

二、电子商务对区域经济结构和范围的影响

电子商务应用水平和现代物流实现程度，成为影响区域经济结构和范围的重要因素。经济新常态下区域经济的发展将走上一条升级转型之路：由过去的价值链低端生产向中高端演进；由高耗能资源型企业向技术型低成本企业转型；由区域经济分割向区域经济一体化发展；由短期效益增长向可持续性增长转化。从产业结构方面来看，产业结构不断升级优化，第三产业占国民生产总值的比重将有所升高，区域经济结构不断优化，产业集聚形成，业态不断创新；从需求结构来看，服务类消费比重增加，消费层次逐渐提高；从城乡结构来看，城乡市场逐步走向一体化，产业统筹发展。一方面，电子商务所具有的信息化、集约化、低耗能的管理运营模式，是未来区域产业结构优化的方向；另一方面，电子商务能促进区域产业业态创新，带动相关产业发展形成业态集聚，打破区域壁垒，加强产业优势互补，促进区域经济一体化发展。

（一）电子商务促进产业集聚

电子商务对产业结构的影响主要表现在将不同产业联系起来，建立关联产业的协同运作模式。以电子商务为核心建立相关产业优势互补和区域经济交流，以实现市场的充分竞争，使市场资源达到优化合理配置。电商产业在实现资源共享、信息共享的同时建立完整的供应链体系，促进产业结构优化和企业转型升级。电子商务的发展打破了空间界限，改变了原有的产业辐射方式，电商产业最大限度地把不同地区的产品生产、设计、运输、销售、推广环节进行关联辐射，构成区域经济辐射网络，演进为区域新的经济增长点。这种辐射方式不断以不同的关联点向外推进，以实现区域经济一体化为最终目的。

（二）电子商务带动产业结构优化

区域经济发展不平衡的根源在于产业结构发展的不平衡，电子商务作为新兴的服务性产业是扩大内需、转变消费结构、促进产业结构转型升级的内生动力。

一是电子商务的低碳型发展模式，为产业结构调整提供了支持。目前我国区域经济发展仍以高耗能产业为主要支撑，这为区域经济的转型带来了很大的限制，以技术创新型产业代替高耗能、高污染产业是经济新常态的基本要求。电子商务产业依托信息技术不受能源和空间的限制，是低耗能、低排放的新型经济模式，适应区域经济可持续发展的要求。与传统经济发展模式相比，电子商务对自然资源的需求比例更低，符合绿色经济的发展要求。同时电子商务突破空间限制极大地提高生产效率，将相关企业服务在最短时间内以最简便的方式联系在一起，减少了能源占用和消耗。电子商务信息共享的高

开放性，促进产业间的优势互补形成良好的产业空间，扁平化的供应链减少了交易的中间环节，极大地推动了区域经济一体化发展。

二是提升第三产业比重，促进现代化物流体系构建。一方面，电子商务本身属于集约服务型产业，在电商平台的不断发展中，制造业、物流业、信息业和对外贸易等相关产业被紧密结合在一起。目前很多大型电商企业正在尝试发展物流一体化模式，未来电商企业将以电子商务为核心不断整合相关产业采取集成化管理，最大限度地提高生产效率、节约生产成本、减少交易环节。在这种高度集成化的运营模式下，服务产业比重将呈几何倍数增长，从而带动就业。另一方面，电子商务产业的发展对物流业的发展提出了更高的要求，现代物流体系的建立包括物流的专业化和信息化完善。为了更好地适应不断扩大的国内外物流业市场需求，要进一步完善基础设施建设、加强信息化管理，现代物流业的发展将进一步改变城乡市场条块分割的状态，形成产业集聚，打破区域经济壁垒，实现区域市场间的充分竞争。

三是扩大内需，转变消费结构。从总体来看，内需不足、产能过剩是我国区域经济发展动力不足的内因。电子商务的应用对区域供给和需求的影响是巨大的，主要表现在以下几个方面：首先，电子商务促进企业范围扩大，有效降低交易成本，提高交易效率与传统多层级的供应链模式有着巨大的差异。低交易成本对消费市场的推动作用是巨大的，全国统一市场的形成将打破区域市场的垄断，消费者可以通过电商平台购买到更加合理的消费品。同时多元化的消费体验和产品选择，极大地满足了消费市场需求，提高了消费层次。例如，扩大农村内需是推动城乡一体化建设的内生动力，过去农村市场并未形成完善的消费结构，消费层次较低，电子商务的发展带动了当地物流产业和制造业的发展，有效地带动了当地就业人口收入水平的提高和观念革新，提升了农村市场的消费层次，推动了城乡一体化的发展。其次，二级市场成本的降低为企业提供了采购和扩大生产的前提条件，从而快速促进区域经济的增长。最后，电子商务在企业的横向管理和纵向生产方面都起到了极大的推动作用。企业信息化管理效率、生产效率的提高可以有效降低交易成本，增加企业的获利空间。作为微观经济体的企业是区域经济发展的重要支撑，电子商务的市场开放性是与我国区域经济的开放式发展要求相适应的，加速市场之间生产要素的流通，是推进区域经济一体化的关键环节。

三、电子商务促进区域经济发展的战略选择

制定区域经济发展战略应从两方面入手，即区域经济结构和区域经济范围。笔者认为电子商务和现代物流在促进地区经济转型中作用重大。可以电子商务的应用带动区域

产业进行资源整合，建立产业辐射圈以促进区域经济的协调发展，提高生产效率、降低社会成本，推进区域内企业的升级转型。战略的制定要因地制宜，将区域内的地域条件作为战略制定的依据，设计合理的企业转型机制，才能更好地实现区域经济一体化的发展。

（一）促进商业实体增长

依托有形市场和行业特点建立行业网站群，根据本地的产业特点发展特色产业，建立专业网站和电商平台，并进行引导推广，通过电子商务的发展将本地产业与其他地区产业进行关联，实现优势互补。在此基础上构建一体化电子商务平台进行信息集成化管理，依托大数据挖掘技术开展市场分析，运用指标进行市场风险预判。引导和鼓励市场经营实体进行电子商务转型，很多传统经济实体在具体市场经营中受电子商务冲击较大，高额的经营成本对企业发展产生制约，亟待转型。政府应给予相关政策倾斜，支持并运用调控手段引导实体经济进行电商转型，实现线上线下一体化发展，建立专业市场电子商务模式，运用专业的第三方电子商务平台，进行产业的推广，以带动企业升级转型。与此同时，要建立与电商发展相配套的中小企业融资系统，为中小企业融资提供支持。另外，要培养电商企业的品牌意识，构建完善的信用体系，鼓励企业运用电商优化供应链和价值链。

（二）完善支持系统

区域电子商务的发展需要物流技术和信息技术的支持，物流业的发展关系到电商营销体验水平和扁平化供应链的效率，因此，现代化物流体系的构建是区域电商发展的基础。一是要加强物流基础设施建设，实现物流企业的信息化管理，建立区域物流配送中心并向周边区域辐射，构建一体化的物流配送体系。二是建立专业化、信息化物流中心，将信息技术渗透到物流的各个环节，以提高物流效率，降低交易成本。三是要建立完善的支付体系。建立专业的第三方支付体系与金融机构进行合作，加速资金的流动，并建立风险预控机制，以保障支付的安全性。我国在区域信贷和电商融资方面缺乏市场监管主体，市场监管机制并未建立起来，导致部分地区电商的市场融资情况较为混乱、风险较高。相关部门应与企业、金融机构进行三方定点合作，并完善监管体系。四是加强人才支持。加强地区高职院校电子商务实践平台的构建，与企业对口合作建立双师制教学，定期委派企业人员进行实践教学，培养实践性电子商务人才，加强综合性电商人才的培养。

（三）建立保障机制

首先，企业应当明确市场定位，在向电商市场转型过程中明确企业的发展优势，制定切实可行的市场战略。企业管理层要用先进管理理念，统筹协调区域电子商务的发展。其次，完善电商市场的监管，尤其是消费者隐私保护监管体系的建立。随着电商的高速发展，大数据挖掘和分析技术对电商企业市场战略的制定是重要的参考依据，但作为新兴市场缺少相关立法，企业在准确了解消费市场的前提下，如何约束其加强消费者隐私的保护至关重要，这关乎电商行业未来的健康发展。再次，政府应制定精准的扶植政策，在融资担保和资金服务方面予以支持，探索全新的电子商务融资体系。保障机制的建立离不开规范的市场监管，电商市场作为区域经济新兴增长点，需要合理规范的政府监管和行业规范，地方政府应形成联动机制，建立统一的管理部门，防止政出多门，对电商市场进行实时监管和统一规范。最后，要注重微观配套机制的建立。电子商务营销偏重于体验式和差异化营销，这是未来市场营销的方向。与实体经济不同，电商营销体系的构建不仅需要技术的支持，同样需要新的营销理念，个性化消费需求决定了电商企业必须建立以客户为中心的精准营销策略，对客户进行消费行为和消费特征的分析，并加以精准推广以提高推广效率，尽快打开市场，以提升电商企业的区域影响力。

综上所述，电子商务的应用水平是关系到区域经济结构和范围的新要素。电子商务作为新兴服务型产业将各个产业相关联，实现产业之间的优势互补，加速推进区域经济一体化。电子商务的应用将加快推进现代化物流体系的建设，打破区域市场壁垒，激活市场配置功能，促使资源配置更加合理。电子商务的应用改变着区域经济的产业结构，不断促使区域经济范围向外扩张，最终达到区域经济的平衡发展。电子商务的发展是我国未来产业结构优化和经济结构升级转型的引导方向，电子商务低耗能、高效率、集约化的运营模式，将为我国中小企业的发展提供动力和支持。因此，提高电子商务应用水平，建立信息化、专业化的物流体系，实现区域市场的充分竞争，是经济新常态下区域经济发展的必然要求。

第五节　政府在协调区域产业结构中经济政策的均衡性

不论哪一区域，作为全国的一部分，其产业结构优化问题都必须从以下两个方面进行考察：一是承认区域相对优势的区位，从比较利益角度衡量区域产业结构的合理性；二是从宏观经济层次上协调区际关系，追求国民经济整体的最大利益。与全国产业结构优化相比，区域产业结构优化的关键在于如何摆正地区利益与国家利益的关系，并把它们最大限度地协调起来。

一、区域产业结构调整的必要意义

区域产业政策（regional industry policy）是政府（中央政府和地方政府）为促进区域经济协调和区域经济发展，制定和实施的一系列政策。区域产业政策与政府产业政策紧密关联，前者是后者在区域层面上的延伸和具体化；后者是前者在宏观层面上的体现。二者形成一种相互促进、互为补充的关系，共同服务于全国及各区域产业结构的优化、升级及产业竞争力的提升。区域产业政策的作用及效果有赖于其实施机制及政策的合理性与科学性。

现代产业理论指出，资源配置结构的演化，是经济发展的结果，也是经济发展的前提，发展就是结构的高级化，结构优化是经济发展的永恒主题。区域产业结构的调整，能保证经济增长率较高的产业部门对资源的需要，使社会总资源得到合理的配置与利用，可提高单位资源的产出效益，使总量增长始终有充足的后劲，以较高的速度进行。区域产业结构的调整，能保证主导产业对其他产业的带动作用，一马当先，造成万马奔腾的局面，使整个经济增长不断获得新的驱动力。

区域产业结构调整，能保证区域经济持续快速发展，不合理的区域产业结构不利于区域经济的发展。我国已经到了以区域产业结构调整促进区域经济发展的阶段，不调整就不能继续前进，不调整就不能健康发展。

二、区域产业结构政策协调的范畴与均衡的重点

我们知道，区域产业政策是指政府为了实现某种经济和社会目标，以区域产业为直接对象，通过对有关产业的保护、扶植、调整和完善，参与对有关产业的保护、扶植、调整和完善，参与产业或企业的生产、经营、交易活动，以及通过直接或间接干预商品、服务、金融等方面的市场形成和市场机制来影响区域布局和发展政策的总和。区域产业结构政策是根据区域产业结构变动趋势而制定的，为促进区域产业结构接近理想状态而实施的政策措施。区域产业结构政策，可以及时淘汰落后产业，支持新兴产业，并有效促进区域产业结构高度化。如果没有区域产业结构政策，完全由市场机制来调节，落后产业可能得不到及时淘汰，而运用区域产业结构政策就可以克服这些缺点。

区域产业结构政策协调问题包含以下方面：首先是地区与国家产业结构政策的协调，其含义是各地区根据国家的总体产业政策，在深入分析本地区经济发展条件的基础上，来确定本地区有发展潜力的优势产业并给予一定扶持；其次是地区与地区之间产业结构政策的协调，即各地区在制订产业发展规划时，不仅要看到自己是否能发展某些产业，

还应当看到其他地区是否更适合发展这些产业，是否已经发展了这些产业。通过地区之间优势与劣势的相互比较，明确本地区的绝对优势和相对优势所在。同时，通过一定机制加强地区之间的协商，协调好彼此的产业发展战略，实现合理的区域分工，避免地区产业结构雷同。主要是协调好以下三个问题：

一是地区与国家产业结构政策的协调；

二是地区与地区之间产业结构政策的协调；

三是政府间协调机构和企业间合作组织的协调作用。

三、对政府在协调区域产业结构时突出经济政策均衡的建议

（一）实施经济区域制度和政策一体化，统筹和促进区域经济协调发展

这主要是在户籍制度、就业制度、教育制度、医疗制度和社会保障制度等方面加强地区之间的行政协调，构建统一的制度框架和实施细则，实现经济区域制度架构的融合。同时，构建区域产业发展政策协调和磋商机制，制定与协调各行政区域的财政政策、货币政策和产业政策等，减少政出多门、各自为政的现象，并逐步在招商引资、土地批租、外贸出口、人才流动、技术开发和信息共享等方面统一政策，在区域内营造交易成本降低的政策环境。

区域产业政策不仅服务于各区域产业发展和竞争力的提高，还应服务于国家整体区域经济的协调发展，在这方面，国家制定实施的区域产业政策将发挥不可替代的作用。我国幅员辽阔，各区域经济、社会、文化发展很不平衡，产业素质和水平差别也较大。正视这种状况，国家区域产业政策应有效地发挥各区域资源、要素比较优势，促进各区域产业协调发展，进而实现国家区域经济协调发展。各地方政府也应该因地制宜，从各区域实际情况出发，制定出切实可行的区域产业发展政策和战略，扬长避短，发挥优势，促进区域产业经济快速健康发展。为此，区域产业政策应选择特定时期合适的区域主导产业，形成大中小企业协调配套的区域产业组织结构，发展产业集群，促进区域产业技术进步，提高区域比较经济利益，实现区域资源的优化配置。

（二）持续实现区域产业生产力的合理布局，充分发挥区域比较优势

这方面包括加强各地区现有支柱产业的跨地区企业联合和重组，建设区域性高新技术产业群落和企业网络，形成高新技术产业服务的知识密集型服务业和通过产业区域转移实现区域结构和布局优化。应持续实现区域产业生产力的合理布局，充分发挥区域比较优势。遵循效益原则、合理布局区域产业生产力、充分发挥区域比较优势是区域经济发展的客观要求。区域产业生产力的合理布局，仅靠市场机制是难以实现的，必须充分

发挥国家产业政策和区域产业政策的作用。区域产业结构与生产力的区域布局具有密切关系，从某种意义上也可以说，二者是一个统一的运动变化过程，区域产业结构的调整也就意味着生产力空间或区域布局的调整，因为产业总是位于一定区域之内，区域产业结构发生变化，生产力区域布局也必然要发生相应的变化。区域产业布局是区域产业运行在空间上的实现，原则上讲，产业结构调整与生产力区域布局调整的经济效益是可以统一的。区域生产力合理布局主要是解决在区域经济发展的不同阶段，区域内各产业空间组合的最佳形式即合理的区域产业结构，以合理地利用区域资源，求得最大的区域效益。因此，通过区域产业政策合理调整区域产业结构，将有效地实现区域产业生产力的合理布局，实现产业资源的空间配置效益最大化。

（三）实施灵活的政策，充分挖掘经济政策倾斜性的特征，促进重点、特色建设的发展

如果说系统性是对区域产业政策的整体结构而言，那么倾斜性则是对区域产业政策系统内部各项政策地位及作用的要求。即是说，在区域产业政策内部，各项具体的产业政策并不处于同等地位，其作用和地位有轻重缓急之分，这主要与特定地区的经济发展程度、发展目标和面临的区域经济发展政策等因素有关。与国家产业政策相比，区域产业政策的这种倾斜性更为明显，更强调要优先发展区域的主导产业、优势产业和支柱产业，带动整个区域经济的发展。区域产业结构系统是内外开放的，各区域产业结构之间的分工与协作，要求区域产业结构的变化通常采取非均衡发展方式，从来没有平衡发展区域各个产业的区域产业政策。当区际交换比本地区自己经营具有更大的收益时，就应该放弃自己的某些行业或产品生产，通过区际交换和协作来满足本地区的需求，而不是一味地追求自我平衡，强求区域产业体系的完整性，搞封闭式发展。因此，合理的区域产业政策应当是重点突出、适度倾斜、整体协调的政策，倾斜性是其重要的特征。

从中央政府制定的区域产业政策来说，倾斜性则表现在中央政府立足全国经济发展的大局，对特定区域产业发展实施的一定程度的倾斜和扶持，以实现全国各区域经济社会的协调发展。众所周知，区域经济发展水平主要依托各区域产业的发展水平，区域经济发展差距的产生主要是由于区域产业发展水平的差异而形成进而放大的。因此，中央政府要缩小区域经济发展的差距，实现协调发展，一个重要方面就是要实施具有一定倾斜性的区域产业政策，促进落后地区产业的振兴和发展，进而推动这些地区经济与社会的发展。区域产业政策的这种倾斜性在现阶段我国区域经济发展过程中得到明显的体现。我国在实施西部大开发、中部崛起和东北老工业基地振兴等重大战略过程中实施的

经济政策，相当一部分是促进这些地区产业发展的政策。

如何调整区域产业结构、选择主导产业及如何加快培育和发展主导产业，应是制定区域产业政策时要解决的重要问题。如果这方面不取得突破，调整区域产业结构和进行主导产业选择就只能是一句空话。任何经济政策都是为解决特定的经济发展问题和实现一定的经济社会目标而制定的。区域产业政策是针对区域产业发展过程而制定的有关政策，其制定实施同样服务于一定的目标，发挥其特有的作用。

区域产业结构的调整与优化，本质上就是正确地选择区域主导产业，合理确定其发展数量和规模，使之承担起全国区域分工的任务，以此为核心，协调各产业之间在数量和比例上的关系。在原有主导产业因条件发生变化、优势被削弱的情况下，使新的主导产业接续上来，保证区域经济系统的正常新陈代谢，使区域经济的发展始终保持旺盛的势头。

第六节 我国区域税收负担差异与地区产业结构的关系

目前，由于地理环境及资源差异，导致我国东、中、西部经济发展不平衡，也形成了不同地区、不同产业布局的现状，东部地区第二、第三产业相对集中，而中西部地区更多发展的是第一产业。不同地区的产业结构差异，造成了区域税收负担的差异，主要原因在于第二、第三产业属于高税产业，而第一产业增值较低，税收较少。另外，国家为了促进东部地区经济的快速发展，往往会给予更多的税收优惠来吸引更多资本流入，这又加重了税收负担的失衡，也间接加剧了产业结构在地区间分布的不合理性。因此，本节以我国区域税收负担差异为基础，分析研究其对地区产业结构的影响程度及成因，并针对存在的问题提出相应的对策建议。

一、税收负担影响产业结构的作用机制

税收政策是我国调整宏观经济的重要工具之一，也是推动我国产业结构优化及升级的重要手段。税负的轻重对产业结构起着至关重要的作用，其对产业结构的具体影响如下：

（一）行业税负水平不同，影响企业投资方向

国家政策对行业的倾斜度不同，给予行业的扶持力度就会产生差别，这种差别主要体现在税收政策的运用上。国家大力扶持的行业就会给予更多的税收优惠政策，以降低

其税收负担，提高行业的投资回报率和在市场上的竞争力，从而促进这个行业的快速发展。行业的投资回报率高又间接吸引更多资本的流入，进而达到推动产业结构调整的目的。

（二）产品税收负担不同，影响消费者的消费行为

不同企业主体、不同的商品承担的税负水平也有所不同，而税负水平会对商品的价格造成直接的影响，且这种影响使二者呈正向关系变动。所以，国家采用优惠的税收政策不仅能影响商品的价格进而改变商品的供求关系，而且在一定程度上可以引导消费者消费行为的变化，拉动需求的增长，最终达到产业结构调整的目标。

（三）区域税收负担不同，影响区域产业结构分布

区域的地理和资源条件为区域经济发展奠定了基础，优越的地理条件可以促进区域经济快速发展。从我国的地理位置来看，东部的地理和资源相对优越，中部次之，西部最差。由此也形成了东、中、西部的经济发展以及产业结构布局的差异。东部地区以第二、第三产业为主，而中西部大多以第一产业为主。根据我国税收政策安排，第二、第三产业属于高税负产业，而中西部第一产业为低税负产业。这样的产业布局直接导致区域税收负担的不均衡，造成区域事权与财权的不匹配，进而影响到产业结构的优化调整及区域经济的协调发展。因此，对中西部地区实行较多的税收优惠，吸引资本流入，是实现区域产业结构调整的主要方法。

二、区域税收负担差异的成因分析

我国经济要素在各个地方的分布情况是不一样的，而且在各地方经济的发展过程中，第一产业、第二产业和第三产业的分布情况和所占比重也是不均匀的。在我国，各地方经济还会受其他的因素影响，比如生产力水平、技术水平、外在的政府的各项政策规定、税收征管能力等方面的影响。经济发展水平的差异是导致我国地区间税负差异的主要原因。而经济发展水平不平衡，相当大一部分原因是我国各地区实行的发展战略不同。

自我国实行对外开放以来，我国地方各区域经济发展迅速。国家首先设立了深圳、珠海、厦门、汕头、海南五个经济特区，然后开放 14 个沿海城市，同时从财税政策、金融信贷政策等多方面支持沿海地区发展。到 2000 年左右，在继续鼓励东部率先发展的同时，国家开始推进西部大开发战略、振兴东北老工业基地战略和促进中原崛起战略等。这些战略实施的早期，大多选择使用税收优惠政策，随着这些战略的逐步推进，政府开始更多地选择财税优惠并举。财税政策组合比重的差异也导致了区域税负差异。

第一，沿海开放地区率先发展过程中财税政策的扶持发挥了重要作用。在早期，国

家批准设立的出口保税区、加工区等全部分布在东部沿海，不但受到经济特区、高新技术产业开发区、保税区的各项税收优惠政策的支持，还有专门的税收政策优惠。除此之外，在早期沿海开放地区，土地审批和行政审批方面都有很多的优惠。这些税费两方面的优惠政策在促进这些地区的资本形成、技术进步等方面起了非常重要的作用。

第二，实施西部大开发过程中财税政策发挥了积极作用。西部地区资源丰富但经济发展相对落后，人均 GDP 仅相当于全国平均水平的 2/3。因此，国家从财税、银行信贷等多方面支持实施西部大开发战略，投资西部政府鼓励类产业，对于电力、水利、邮政等基础产业的外来企业，税收优惠方面，其所得税税负较中东部轻 50% 还要多；财政上加大对西部地区转移支付的力度。银行信贷方面，从 2001 年起，中央财政对中西部地区大型的基础设施项目银行贷款实行大量的财政贴息。

第三，振兴东北老工业基地方面，中央政府在东北地区实施了一系列的优惠政策，包括社会保障改革、增值税改革、企业所得税优惠、农业“两免一补”等。尤其值得肯定的是税收政策的成效方面，仅仅两年就为企业减税 130 多亿元。诸多财税政策及配套措施的实施也使新的地区间宏观税负差异较大。

三、平衡区域税负促进产业发展的对策建议

促进产业的发展，平衡区域间的税负，需针对不同区域合理设置生产要素税收区间，完善促进企业自主创新和科技进步的税收政策，针对资源充裕生产区域合理改革资源税，优化增值税的区域差异化税收安排，合理运用税收优惠和制度化等措施，推进产业结构优化调整。

第一，优化税制结构，完善税收制度。首先，在流转税方面，进一步完善增值税的制度建设。2016 年的 5 月 1 日之后，我国营业税改征增值税的改革算是彻底地完成了。自 1994 年开始，增值税对中小企业实施按全部产值为税基征增值税，不进项抵扣。这在一定程度上导致了对广大中小企业的税收歧视，也导致了地区间税负横向不公平。因此，要采取措施消除这种不公平。其次，在直接税方面要进一步完善企业所得税。通过调整税收优惠政策，从区域优惠为主转向以产业优惠为主，从直接优惠为主转向间接优惠为主。

第二，注重税收实际征管的水平。提高税收征管效率应该做到健全税收法制保障，尽快出台相关的法律条文。以纳税人为本，让纳税申报环节规范化、多元化、便民化，构建税收服务体系。以信息化建设为重点，提高税收征收率，同时建立科学、高效的新型税务稽查体系。

第三，优化产业结构，推动产业升级。优化产业结构，重点推进第三产业的发展。第三产业附加值高，其发展程度的高低已成为衡量现代经济发展程度的主要标准。因此，各地区都应该大力发展第三产业，提升第三产业在三大产业中占的比重，尤其是经济发展落后的区域。这样才能创造出更大的价值，逐渐缩小和发达地区的差异。积极推动第二产业内部经济结构优化。东部地区和中西部地区在第二产业的差异对地区税负差异的影响很大，东部技术先进，投入高产出高；而中西部地区大多是以资源带动的重工业，投入产出比低，利润率不高。因此，中西部地区应当引进先进技术，加大研发投入，转变高能耗低产出的发展方式，实现第二产业的技术升级。

通过以上分析可以看出，促进地区间经济平衡发展，需要从根本上调整地区间的产业结构布局，而税收政策是调整产业结构重要的政策工具。因此，完善我国的税收政策，改进税收制度不合理的设计，政府再给予一定的支持，就能改善区域税收负担差异问题，间接促进产业结构升级和优化，使我国经济能够实现均衡发展。

第六章　中国对外贸易与区域经济增长

第一节　经济全球化及区域经济一体化对我国外贸的影响

经济全球化是当今世界经济发展的必然趋势，区域经济一体化又是经济全球化这一大背景下的必然走向，二者既相互促进又相互制约。

一、对经济全球化的理解

经济全球化是在生产力高度发展的推动下，在国际分工空前深化的基础上，经济活动在全球范围内扩展，商品和生产要素在全球自由流动，资源在全球范围内进行配置，在不断发展的科技革命和生产国际化的推动下，世界各国和地区经济的相互依赖、相互渗透日益加深，逐渐结合成一个统一的整体。经济全球化有利于资源和生产要素在全球的合理配置，有利于资本和产品在全球流动，有利于科技在全球的扩张，有利于促进不发达地区经济的发展，是人类发展进步的表现。

经济全球化主要体现在以下三个方面：首先，贸易交往的增加使得世界市场联系越来越紧密；其次，贸易的扩大和市场的逐步统一，又使各国经济对贸易的依赖程度大大提高；最后，国际资本跨国流动规模越来越大。

科技革命带动了生产力的发展，使世界经济进入新时代，突出表现为资本国际化程度不断加深和跨国公司实力不断增强。更重要的是当今世界除了极个别国家外，都在实行市场经济，尽管各国运用市场手段和实行国家宏观调控的程度不尽相同，一个大市场使各国之间的相互联系和相互依存大大加强。但是世界各国还面临着诸多共同的全球问题，这些因素都影响了经济全球化的进程。

经济全球化对世界经济的影响是复杂的，在推动世界经济总体增长、提高生产要素的全球配置资源、促进国际投资方面是有积极作用的，但经济全球化是一把双刃剑，一方面提供了前所未有的机会，另一方面也对传统的价值观念提出了挑战，如果处理不当，会为经济全球化付出代价。

二、对区域经济一体化的理解

区域经济一体化，是指相邻相近的或者特定地理范围内的两个或两个以上国家，为了维护既有的、实现未来的共同的经济和政治利益，通过签订某种政府间条约或协定，制定和规范共同的行动准则、协调一致的政策，乃至建立各国政府一定授权的共同机构，进行长期和稳定的超国家的经济调节，达成和实现经济的甚至是政治的联盟。区域经济一体化建立区域市场，降低了在全球范围内配置资源的搜寻成本。另外，一体化的区域经济由于各个方面的相似性，可以有效降低交易成本和违约风险。

（一）欧盟

在欧盟的继续发展和扩大中存在的问题和矛盾在一定程度上会影响和制约它的发展。但继续发展和扩大的趋势是不会改变的，欧洲联盟今后不仅是欧洲的决定性力量，也会成为世界经济中的一个决定性因素。欧洲联盟是目前世界上最有成效、一体化程度最高的一个区域性集团，是区域集团化获得成功的典范。

（二）北美自由贸易区

北美自由贸易区是由美国、加拿大、墨西哥三国首脑于 1992 年签署《北美自由贸易协定》后成立的，经三国国会批准后于 1994 年 1 月 1 日正式启动。北美自由贸易区这种不同经济发展水平国家的地区集团化具有自身的特点和意义。美国在其中起主导作用的北美自由贸易区的建立和发展，使世界经济区域集团化的色彩更加鲜明，它不仅直接关系到北美以至美洲经济的发展，也对世界经济产生了深远的影响。

（三）亚太经济合作组织

亚太区域经济近 10 多年来发展较快。1989 年 11 月经澳大利亚提议，在堪培拉举行了首次亚太经济合作部长会议，亚太地区有组织的经济合作正式起步。1993 年 6 月，正式启用亚太经济合作组织（APEC）的名称。此后迅速发展，每年召开一次非正式首脑会晤。

APEC 在面对诸多矛盾的同时，在协调亚太地区经济关系方面取得重大进展，形成了独具特色的“亚太经合组织方式”，成为目前成员国最多、最具活力的区域经济组织。它的成员既有发达国家，也有发展中国家；既有资本主义国家，也有社会主义国家。APEC 在强调贸易投资自由化的同时，还追求地区经济技术合作的目标，反映了发展中国家的愿望，使 APEC 免于沦为少数发达国家打开他国经济大门的工具。APEC 采取的这种协商方式符合本地区的实际，不仅有利于在平等的基础上使 APEC 成员国的经济得到发展，也将对世界范围的经济合作、世界经济全球化的发展产生巨大而深远的影响。

三、二者既相互促进又相互制约

（一）二者相互促进

经济全球化是通过市场机制把世界各国联结在一起的，区域经济一体化则以实现区域经济协调、均衡和有序发展为目标，在政府间签订自由贸易协定、推行区域经济一体化措施、实现一体化目标，是国家主导作用的过程，区域经济一体化是通过国家对国家的谈判，把那些愿意参加一体化结盟的国家联结在一起的；在全球自由市场的状态下，风险是很难规避的，经济全球化发展过程中还存在诸多风险；而在经济区域化的状态下，风险是可以得到控制和化解的，一体化的区域经济可以有效降低资源配置的成本，降低违约风险。经济全球化与区域经济一体化都是由经济发展的必然规律决定的，二者之间既相互促进又相互制约。

区域经济一体化对经济全球化的促进作用。区域经济一体化为经济全球化准备了条件。区域经济一体化促进了国家分工的深化，加强了区域内部各加盟国之间的合作与交流，推动了各加盟国的经济发展，在此基础上通过强化跨国公司的贸易功能，必然进一步促进经济全球化的产生。区域经济一体化使集团间的竞争日益激烈，所以，特定区域外的国家要想获得竞争力，就要通过跨国公司进行直接投资。区域经济一体化下的贸易制度也为经济全球化提供了重要的参考作用。

（二）二者相互制约

区域经济对经济全球化的阻碍作用比较明显。随着区域经济的发展，区域经济的合作组织如北美自由贸易、欧盟等发展完善。各加盟国对区域经济的依赖性加强，再加上区域对外合作能力的提高，给世界经济带来了更大的竞争局面，同时也导致了经济发展的不平衡。区域经济是为了实现区域内的经济发展，提高经济效益，区域内部成员之间分工合作、相互依存。经济全球化则是为消除全球经济间的贸易壁垒努力，区域经济在这一方面与之出现矛盾，区域经济以地域为名为贸易提供一种新的保护手段，这种保护手段对区域外的成员来说就是阻碍他们之间相互合作的贸易壁垒。区域经济强化了其内部产品的竞争力，对区域外的产品采取了比较严格的防范制度和措施，不惜一切手段阻止其他区域或国家的产品进入。这一行为满足了区域内的经济发展，但是对于经济全球化来说，则伤害了全球经济之间平等合作的基础，加大了国与国或区域与区域之间对话的难度，妨碍了经济全球化的进程。从长远利益来讲，不利于经济全球化的顺利发展。

总之，经济全球化与区域经济一体化之间的矛盾是存在的，但两者之间又是对立统一的。两者之间虽然实施途径相异，但最终目的都是推动世界经济的发展。经济全球化与区域经济一体化都为企业打造了统一的市场环境，为世界各地的商务活动提供了便利条件。两者的相互作用必然会影响世界经济、政治格局。两者之间应该加强合作与交流，协同发展，在全球化不断向前发展的情况下，必然会克服两者之间存在的矛盾，最终推动全球经济持续稳定发展。

四、经济全球化及区域一体化下的我国对外贸易

（一）二者的影响

1. 经济一体化下国际贸易的弊端

贫富差距加大。在经济一体化下，发达国家与发展中国家之间的贫富差距不断加大。发达国家经济实力雄厚，占据主导位置，往往是获利者。而发展中国家由于经济底子薄、技术水平低、生产设备落后、生产成本高等，经常处于劣势。这也就使国际贸易出现了不平衡状态，总是在发达国家交易，发达国家与发展中国家的贸易往来很少，资本流通受阻，不利于全球化的正常贸易。在经济全球化背景下，一些发达国家对发展中国家进行资源的掠夺和开采，并将一些高污染、高耗能的企业转移到发展中国家，还将一些垃圾及有害物质向其他国家倾卸。这样的国际环境就不利于国家间的贸易往来，不仅侵犯了受害国的权益，更危害了世界的环境与和平，不利于人们健康舒适的生活。经济一体化使得许多国家、民族间的冲突增大，这都不利于国际贸易的健康发展。在全球范围内，有许多民族，每个民族都有属于自己的文化、文明、价值观，当经济来往时，这些民族之间就会产生摩擦。在办事方法、待人接物等发面会有歧义，造成沟通困难，也不利于贸易的正常进行。

2. 扩大对外贸易

中国加入 WTO 后，在经济对外方面有了突破性的进展，对外贸易量也是逐年上升。但中国是人口大国，GDP 总量虽然很高，但人均收入仍位列后几位，人民的生活水平依旧差距较大。面对这样的国情，我国必须进一步扩大对外贸易。我国的对外贸易总是依赖劳动输出，在技术及知识领域与发达国家相差甚远。所以，我国要改善对外贸易的环境，在技术、知识领域积极提升，显示出优势，才能在国际市场中占据一席之地。我们的优势主要集中于充足的劳动力和丰富的自然资源，我们要充分利用这些优势，但是不能仅仅依赖这些，自然资源是有限的，不是取之不尽、用之不竭的，我们要在尊重资源的基础上合理开发应用。总之，我们要积极改革、不断进步，让中国的国际贸易在世界上有一席之地。

3. 深化产业结构

中国的经济要想跻身世界前列，光靠单一的产业结构是很艰难的。深化经济体制改革，建立完善的社会主义市场经济体制是中国应对经济一体化的有效方式。中国的产业

结构一般是较浅层次的，比如一部手机的完成，核心部件是其他国家的，而中国的工作只是外壳的制作、整机的组装，在中国来看，赚的钱是很少的，而且对中国的环境和资源是浪费的，不利于长期发展。所以，中国要改善这样的产业结构，积极引进国外的先进技术和经验来促进发展。对本国人才培养也要重视，培养出属于自己的人才，才能占据有利地位，有利于深化产业结构。

4. 突破贸易壁垒

经济一体化导致许多国家建立了自己的贸易体系，利用关税壁垒，只允许本国内部或指定国家进行贸易往来，将很多国家排除在外，不得与本国有经济往来，这样虽然保护了本国产业的持续发展，但不利于世界经济的共同发展。中国因为有廉价的劳动力，所以出口的商品价格较其他国家低，中国的商品在国外很受欢迎，基于此，很多国家都建立了针对中国的贸易壁垒，导致中国出口商品的积压、资源的耗费。针对这一问题，中国可以采取逐个突破的策略。也就是说，在中国形成几大产业集中地，每个地区都有属于自己的产业，追求本产业的“精”。比如在浙江义乌，就以出售小商品为主，义乌的饰品、玩具在全国来看都是领先的，所以，将小商品的批发定在义乌，有利于商家的竞争，形成质量更好的产品，出口时也就更具有优势。再如上海，是改革开放后的重点经济地区，是中国对外开放的标志，形成了一大批经济技术开发区、高新科技园区、金融贸易区等特区。我们就要以此为中心，建立上海的经济特区地位。

（二）二者的作用

1. 经济一体化促进了国际贸易各集团内部的经济增长

因为经济一体化下，每个经济区域组织都有属于自己的贸易条例，内部成员国在其中享受着贸易的方便，有的建立了共同的税率机制，在成员国之间税率是相同的，制定了相同税率来对外。有的不仅在经济上形成了同盟，还在政治上、军事上建立了同盟，有利于成员国之间经济、技术合作和交流，实现经济互补，同时也促进了地区经济的发展和繁荣，提高了国际地位和竞争力。欧盟、北美自由贸易区、东盟、亚太经济合作组织，都是区域性的经济组织。不仅对成员国内部有积极影响，对世界来说都是有利的。增强了世界的多极化趋势，有利于世界和平，促进了资本、技术、人才和商品的国际流通，推动了世界经济的发展。

2. 跨国公司在经济一体化下的国际贸易

跨国公司是国际贸易的主要力量，如果跨国公司可以很好地利用经济一体化，在竞争中显示出特色，那么国际贸易也会不断发展。首先是跨国公司间的外部交易。优胜劣汰是自然生存的法则，跨国公司也不能避免这样的情况。公司间可以采用兼并的形式，将一些不太有优势的企业兼并，扩大自己的产业，又或者可以收购一些小型企业，增加自己企业的覆盖率，对跨国公司的发展是有利的。其次是跨国公司间的内部交易。跨国公司并不是神一般的存在，也需要各种新力量的加入。这就说明每个企业间要互相学习、互相借鉴，当然不能将核心产品共享，但一定的管理方式、制度方式还是可以借鉴的。共同促进企业的长期发展是每一个企业合作的前提。

3. 中小企业在经济一体化下的国际贸易

中小企业虽说不是国际贸易的主流，但是在国际贸易大潮中是不可缺少的活跃力量。中小企业的发展要有一个强大的后盾力量，这个力量就是政府的支持，得不到政府的支持，中小企业的发展就受到了严重的阻碍，只有政府重视、支持中小企业，才能使其增强国际竞争力，才能健康稳定地发展。人才是中小企业发展的核心，没有人才的加入是很难进步的，所以中小企业要广招贤才，给人才一个自由发挥的空间，这样才能增强企业的活力，使企业有更广阔的发展前景。中小企业要有与大企业合作的勇气，要有融资的勇气，只有与大企业合作，才能更快地使企业扩大，给企业注入新鲜的血液。在运行过程中，企业要不断与大的企业争取贸易的机会，要积极利用闲置资金充实企业发展。

世界从分散走向整体，是一段艰难的旅程。从新航路的开辟到现在各国间的频繁往来，是一个不可逆转的趋势。国际贸易应运而生，符合经济一体化的需求，符合国际交往的需求，更加促进了世界经济的多极化发展。虽然国际贸易的发展是坎坷的，但是对世界人民是利大于弊的，我们一定要不断创新、不断改革、不断进步，解决发展道路上的问题，使经济一体化下的国际贸易持续稳定地发展。

第二节　实施全方位对外开放促进内蒙古自治区对外贸易实现跨越式发展

充分发挥内蒙古自治区内联八省、外接俄蒙的区位优势，抓住国家实施“一带一路”倡议、支持沿边开发开放等重大机遇，以深化对外开放带动自治区对外贸易实现跨越式发展，应着力在提高认识、解放思想、明确思路、优化环境等方面提高工作主动性和自觉性。

一、提高认识，促进全面对外开放

当前，经济全球化趋势不可逆转，区域经济一体化进程显著加快，开放引领发展的趋势更加明显。受历史、自然条件和周边环境影响，内蒙古自治区开放型经济规模总体偏小，经贸合作层次不高，对外开放机制不够健全，经贸和人员往来便利化水平亟待提高，对外开放不足仍然是自治区经济社会发展中的短板。通过扩大对外交流合作，吸收引进资金和先进的技术、理念、人才，紧盯国际市场发展趋势，提高企业的经营和创新能力，推动自治区产业发展加快融入全球产业链、价值链，有利于转变自治区粗放型经济增长方式，减少经济增长对传统工业规模扩张的过度依赖，为新常态下自治区经济发展注入新的活力。外贸是我国开放型经济体系的重要组成部分和国民经济发展的重要推动力量。就内蒙古自治区而言，从增长动力来看，近年来投资对内蒙古经济增长的贡献率在 70% 以上，外贸出口的贡献率仅 4.5% 左右，“三驾马车”拉动经济增长的协调性不够。外贸出口是拉动内蒙古自治区经济发展的短板，同时也是拉动内蒙古自治区经济发展潜力所在，全区上下必须牢固树立开放发展理念，充分认识对外开放对经济社会发展全局的重要作用，积极发挥内蒙古自治区地缘、资源、人文等优势，着力培育开放型经济新体制，把扩大对外开放作为加快经济发展的助推器，作为经济工作的着力点，在更大范围、更宽领域、更高层次上推进新一轮对外开放，进一步增强内蒙古自治区发展的新优势。

二、解放思想，凝聚外贸发展新动力

习近平同志指出：“改革开放到了一个新的重要关头。我们在改革开放上决不能有丝毫动摇，改革开放的旗帜必须继续高高举起，中国特色社会主义道路的正确方向必须牢牢坚持。”站在新的起点上，我们要凝聚开放的共识、增强开放的自信、理清开放的思路、提高开放的能力，牢牢把握对外开放的主动权，敢于啃硬骨头，敢于涉险滩、闯难关，不断为我国改革发展注入强大动力。当前，内蒙古自治区一些部门执行制度刚性过强，不敢担责，使各地先行先试和制度创新困难重重，有些工作其他省区能做、已试行了，但在内蒙古自治区就执行不了。这在一定程度上反映了一些干部思想僵化、管理理念滞后，不能适应形势任务的需要。特别是外贸工作是联结国际与国内、工业与农业、城市与乡村、生产与消费的桥梁和纽带，涉及面广、专业性强、形势变化快，各级领导干部只有进一步解放思想、更新观念，摒弃束缚手脚的“老框框”“老套套”“老调调”，充分借鉴发达地区的先进经验和管理模式，结合本地实际，大胆探索、敢于突破，开辟新途径、寻找新路子，才能推动外贸工作顺利开展。同时，进一步健全外贸工作督查和问责机制，定期通报各盟市的工作进度和外贸运行情况，对工作不力的地方要约谈，帮助分析原因，及时加以整改，对工作表现突出的地方，要继续给予政策倾斜。既要督查政策落实的“最后一千米”，也要督查政策出台的“最先一千米”，确保国家和自治区各项政策尽快落地见效。

三、明确思路，推动对外贸易扩规模转方式

在全面实施对外开放的大背景下，做好当前和今后一个时期的外贸工作，要立足当前、着眼长远、统筹施策，既顶住下行压力，努力促进外贸增长，也要打好发展基础，把握关键、重点突破。一是壮大外贸经营主体。大力引进境外、区外产业竞争力强的企业来内蒙古自治区注册开展对外贸易；通过政策引导和扶持，培育发展一批自治区地方外贸自营出口企业。搭建自治区外贸综合服务平台，帮助广大中小微外贸企业开展对外贸易业务。鼓励行业龙头企业延长产业链，提高国际化经营水平。支持自主品牌、自主知识产权企业参与国际市场竞争。支持有创新能力的外向型民营企业发展。二是优化外贸商品结构。加强对重点行业出口的分类指导。巩固装备制造、冶金建材、医药化工、羊绒纺织、电力、光伏材料等出口优势。提升玉米、籽仁等农畜出口产品的精深加工能力和特色发展水平。提高节能环保、信息技术、新能源、新材料等战略新兴产业的国际竞争力。扩大先进技术设备、关键零部件等进口，促进产业结构调整和优化升级。稳定能源资源产品进口，鼓励境外投资权益产品进口，合理增加一般消费品进口。三是提升对外营销能力。全面推广跨境电子商务发展，支持有条件的盟市申报、建设跨境电子商务综合试验区，进行制度创新。鼓励企业发展行业跨境电子商务平台，提供精准服务。支持中小企业通过第三方知名跨境电商平台开展对外贸易。支持企业建设公共“海外仓”，融入境外零售体系。支持有实力的企业在境外设立展示中心、分拨中心和零售网点，收购境外营销网络。四是大力发展边境贸易。落实中央财政支持边境贸易发展的政策措施，鼓励地方政府支持边境小额贸易企业的能力建设；支持边境小额贸易企业向综合性多元化贸易转变；支持边境口岸资源落地加工，延长进出口加工产业链。学习借鉴广西等边境省区好的经验做法，将互市贸易区进口商品范围扩大到自治区毗邻国家和地区商品，积极推动满洲里、二连浩特等边民互市贸易区发展。规范满洲里、二连浩特等旅游购物商品出口，培育市场采购贸易。五是促进加工贸易创新发展。完善加工贸易产业布局。依托内蒙古自治区资源优势，主动承接境外及京津冀和国内沿海发达地区的产业和加工贸易转移。吸引知名跨国公司和国际连锁超市来内蒙古自治区兴办加工贸易企业。吸纳发达地区的整机生产、零部件、原材料配套加工落户内蒙古自治区，完善加工贸易上下游产业链，着力引导配套协作企业集聚发展，逐步形成产品配件和工艺配套的完整供应链，提高出口产品的本地化程度。打造加工贸易承接平台。积极争取将自治区加工贸易集中发展地区列入国家加工贸易重点承接地，扩大重点地区加工贸易规模。加大海关特殊监管区域建设力度，用好综合保税区政策，鼓励加

工贸易企业向特殊监管区域集中。六是引导服务贸易加快发展。规划建设服务贸易功能区，依托现有各类开发区规划建设一批特色服务出口基地；培育服务贸易市场主体，加大对服务贸易发展的支持力度；巩固和扩大运输、建筑等自治区服务贸易重点行业的出口规模；重点培育通信、金融和信息服务等资本技术密集型服务贸易；积极推动广播影视、动漫游戏等文化产品出口；支持医疗健康服务机构发展蒙中医药服务贸易；大力推进旅游贸易发展。

四、通力合作，优化对外开放环境

进一步推动对外贸易便利化是改善营商环境，为外贸企业减负助力，促进进出口稳定增长，培育国际竞争新优势的重要举措。一是提升公共服务水平。要逐步实施涉外窗口部门集中办公制度，集接待咨询、立项审批、注册登记、专业服务、统筹协调于一体，为企业提供一条龙服务，加快服务型政府的建设。建立宽进严管的市场准入和监管制度，从重事前审批向重事中、事后监管和提供服务转变，探索建立专业化、社会化监管评估体系。加快建设中介服务体系，提供优质的投资、财务、法律咨询服务。培育区内开放发展的智库，深化与国内外知名咨询机构合作。推动大数据、云计算在开放型经济领域的应用，及时发布有关政策、投资环境、市场需求、项目合作、风险预警等信息。二是促进贸易便利化。要继续清理和规范进出口环节收费，实施收费正面清单制度，配合有关部门，对没有被列入清单的收费项目进行打击。加快推动“通关一体化”和国际贸易“单一窗口”的建设，优化海关特殊监管区管理，进一步降低出口查验率。规范出口退税流程，加快出口退税进度。用好出口信贷、信保等政策工具，扩大保单融资、外贸储备委托贷款覆盖面。推广复制上海自由贸易试验区经验，实行外资准入前国民待遇加负面清单管理制度。落实境外投资备案制，简化境外投资管理，放宽境外投资限制，为企业“走出去”提供便利快捷的服务。三是建设法制化营商环境。加快形成高标准贸易投资规则体系，营造法制化、国际化、便利化的营商环境。完善优化投资环境评价体系，建立统一、开放、竞争、有序的市场体系和监管规则。顺应进一步扩大开放新要求，健全完善贸易救济体制机制，加强贸易摩擦应对。建立诚信政府，健全社会和企业诚信体系，实施守信激励和失信惩戒制度，建立对信用主体的行政、市场和社会诚信联防机制。坚持依法行政，坚决制止各种形式的乱收费、乱罚款、乱摊派，实行收费许可和公示制，完善投诉案件处理协调制，保护投资者和经营主体的合法权益，维护公平竞争的经济秩序，形成有利于加快开放型经济发展的良好法治环境。

第三节　运输成本与中国对外贸易内部区域结构失衡研究

中国经济与贸易迅猛发展，取得了不俗的成绩，一跃成为世界经济与贸易大国。美国次贷危机过后，全球经济低迷，中国经济与贸易发展也随之降速，进入调整过渡期，与之前的高速增长形成较大的反差。很多媒体、学者将这一阶段称为中国经济的“新常态”时期。

中国经济与贸易的发展仍然在探索阶段，波动在所难免，经济与贸易增速的大起大落有其内部的深层次原因，关键在于发现问题、解决问题。从全球对外贸易发展的新趋势来看，控制成本、推动成本下降是贸易发展的新主流方向之一。然而传统的贸易方式有很多不足之处，导致成本居高不下，贸易发展受到限制。对外贸易结构是反映对外贸易质量的一个重要标准。中国对外贸易成本的区域差异是造成中国对外贸易内部区域结构失衡、对外贸易质量低下的重要原因，也是新常态下中国调整对外贸易发展方式、推动对外贸易健康发展的主要障碍。研究中国对外贸易成本区域差异的成因，探寻解决办法具有极大的现实意义。本节从中国对外贸易内部区域结构的失衡状况研究入手，分析造成这种结构失衡的贸易运输成本因素，提出对策建议。

一、中国对外贸易内部区域结构失衡的现状

一国的对外贸易区域结构是指外贸活动所能涉及的地区所在的空间分布与组合形式的一种动态状况。外贸区域结构可以分为外贸外部区域结构和外贸内部区域结构。外贸内部区域结构是指一国不同经济区域或经济带在一国对外贸易中的不同地位。中国的经济区域主要分为东部、中部和西部地区。中国的对外贸易内部区域结构描述东、中、西部三大地区的对外贸易发展状况及其在中国总体对外贸易中的地位和作用。

加入世贸组织后，中国对外贸易在总体上蓬勃发展，外贸增速一度超过30%，但是从外贸结构上来看并不合理，外贸结构仍然处于较低水平。特别是中国对外贸易的内部区域结构失衡情况明显，虽然近些年颇有改善，但幅度很小。

（一）三大区域对外贸易额失衡

改革开放以来，中国对外贸易发展逐步规范化、正规化。加入世贸组织后，在政府的推动下，国内市场进一步开放，出口导向型外贸战略成为主导战略，成为中国外贸规模增长的重要推动力。然而，由于中国地域辽阔、不同省份及地区经济基础差异较大，

政府提出了地区经济的梯度开发理念，即以发展对外贸易比较便利的东部沿海地区作为先发基地，再向内陆地区发展的战略，经过多年的发展，形成了东部、中部和西部三大经济地带，也使这三大经济区域的经济与贸易发展呈现出梯度失衡的状态。在这种发展战略指导下，东部地区的经济与贸易率先与世界接轨，利用国家优惠政策、国际国内两个市场、两种资源，特别是借助其地理位置的优势，对外贸易额与贸易量不断攀升，遥遥领先于中、西部地区，实现了“先富”。然而，中、西部地区处于内陆，信息与交通条件均比较闭塞，经济与对外贸易发展落后，并与东部地区的差距越来越大。

（二）区域对外贸易商品结构失衡

对外贸易商品结构能够反映一国进出口贸易的质量与不同商品的贸易比重。在微观对外贸易商品结构中，我们一般通过衡量工业制成品、机电产品及高新技术产品出口的比重来衡量一国或地区的对外贸易结构是否合理。从宏观对外贸易的角度来说，我们主要看服务进出口在总体贸易中的比重。总体来说，与中、西部地区相比，中国东部地区主要出口机电产品和高新技术产品，而中、西部地区则依靠资源与气候优势，主要出口农产品、矿产资源产品等初级产品。例如 2011 年，东部地区机电产品和高新技术产品出口分别达 9919.8 亿美元和 5099.3 亿美元，占东部地区出口比重分别达 59.3% 和 30.5%。对外贸易商品结构不断改善，从全国范围来看，对外贸易结构比较合理。另外，从货物服务的贸易结构上来看，服务贸易进出口增长较快的省份也都集中在东部沿海地区，如 2015 年，占全国服务进出口总量四成的长江经济带沿线 11 省市，以及京津冀地区、东北地区服务进出口总额分别比“十一五”末增长 77%、65% 和 133%，发展势头较好，贸易结构不断改善。

但是，相对于中国的东部地区，中、西部地区经济发展较落后，生产力水平低下，产业结构仍然以农业和传统工业为主，因而贸易模式主要由资源与气候等条件决定，主要出口农产品和矿产资源，如苹果、茶叶等。由于生产方式落后，中西部地区出口商品的加工程度较低，附加值低，因此，贸易利益极低，对外贸易没有起到更好地推动地区经济发展的作用。经济与贸易是互相影响、互相制约的，西部地区经济与贸易没有形成良性互动，落后的产业结构决定了中西部地区的贸易结构，再加上服务业发展水平较差，如 2015 年我国中西部地区服务进出口占比为 15%，大大低于东部地区。因而，经济与贸易均严重落后于东部沿海地区，发展水平大大低于国家平均水平，制约了全国经济与贸易的持续发展。

（三）区域外资、外贸依存度失衡

改革开放以来，中国大力吸引外商直接投资，外资在推动地方经济与贸易发展的过程中起着推动器的关键作用。2012 年，东、中、西部地区外商投资企业数分别为 35 5864 个、4 7833 个和 3 6686 个，差距明显。东部地区的外贸、外资依存度在各地区中居于首位并高于全国平均水平，说明东部地区经济对对外贸易与外商投资的依赖性较大，对外贸易与外商投资对经济发展的贡献突出。而对于中部与西部地区来讲，对外贸易依存度低于全国平均水平并大大低于东部地区，对外贸易的外资依赖性也很小。中、西部地区以国有企业为主，外资企业所占比重较低，外资企业对西部地区外贸增长的促进作用就比较弱。因此，对外贸易对地区经济增长的贡献率也较低。从经济发展水平与人民生活水平上来看，很明显，东部地区利用了发展对外贸易的优势，充分利用了国内外各种资源，发展了经济，提高了人民的生活水平。而中、西部地区没有有效利用国内外两个市场、两种资源，经济发展水平低，人民生活水平也低于全国平均水平。

由于外商投资水平低，中、西部地区的对外贸易以一般贸易为主，比重高于东部地区，而加工贸易比重较低。由此，中、西部地区的机电产品等工业制成品出口比重极低，对外贸易结构落后，亟待改善。例如，经济发达国家的贸易依存度一般在 30% 以上。我国的东部沿海部分省份的外贸依存度甚至超过 80%，而从中、西部地区的外贸依存度整体来看，都在 10% 左右，开放程度非常低，说明这两个地区并没有充分利用国际市场，导致发展缓慢。

（四）区域外贸增速失衡

近年来，由于全球经济萎缩，需求不振，中国总体对外贸易受到了很大影响，特别是开放程度较高的东部地区。因此，与其他指标正好相反，东、中、西部地区的外贸增速呈现出东部较慢、中西部较快的状态。根据统计数据，2015 年上半年，东、中、西部地区的外贸增速分别为 - 7.5%、0.3% 和 - 6.2%。可见，东部地区外贸降速最明显，中部地区外贸状态较好，没有明显负增长。西部地区内部的外贸增速也严重失衡，与 2014 年同期相比，西部城市宁夏外贸发展倒退最严重，而青海则以 63% 的增速居全国第一。在增速快于全国增速的省份中，东部省份最少。可见，东部地区外贸发展已经遇到瓶颈，增长越来越慢，并较容易受国际市场波动的影响，频繁出现负增长，外贸发展亟须转型升级。而中西部地区对外贸易发展速度虽然相对较快，但依然水平不高，而且十分不均衡，个别省份成绩突出，而大多省份依然发展缓慢。整体来看，中国西部地区外贸增速快于东部地区，在新常态的经济与外贸结构调整中，发展潜力较大。

二、运输成本与中国内部区域贸易结构失衡的关系

（一）理论基础

有关地理位置及运输成本对贸易影响的研究，模型众多，引力模型就是其中一种。它是解释与预期人类在地理空间上的经济、社会及政治的相互影响与相互作用方式，利用经典力学中牛顿万有引力公式建立的一种理论假说。简单来说，引力模型就是论证国家或地区的双边贸易往来中，地理因素、贸易成员经济规模及人口等自然因素的作用，如特惠政策对贸易的影响作用。除了引力模型，许多经济学家在其贸易理论中也都论述了地理位置、运输条件、运输成本对经济与贸易的重要影响，甚至是决定性的作用。如亚当·斯密在《国富论》的第三章中指出："劳动分工专业化的程度由市场大小决定，而市场大小由运输成本（效率）决定。"亚当·斯密在最初的国际贸易理论中就将运输成本放在比较重要的地位来研究。随后，学者越来越重视地理区域的作用，将地理区位与经济贸易发展相联系，进而诞生了许多专门的理论与学科，如区位研究理论、空间经济学等，这些都充分证明了经济与贸易的发展是受地理及区位因素影响，甚至决定的，运输成本就是其中一个十分重要的因素。

（二）中国内部区域的区位与运输条件差异

地理区位是用来描述某事物的位置及其与其他区位事物之间的联系的。区位选择理论是经济发展过中各种经济主体，如政府、企业对经济发展战略的区位决定理论。中国宏观经济整体的发展区位战略选择了由东至西、由南至北的发展过程，随之而来的生产要素、企业的区域战略也顺其道而行之。长此以往，造成了中国当前的区域经济发展失衡。好的地理位置会形成区位优势，从而促进本地区经济良好、健康地发展。地理区位的优势在很大程度上是交通运输的便利条件带来的，因而，当不具备良好的区位优势时，可以通过建立便利的交通运输基础设施条件，促进经济与贸易的良性发展，抵消地理区位上的不利地位。地理大发现成就了西班牙和葡萄牙的霸主地位，正是因为其开发了贸易的便利通道。中国古代的繁荣昌盛也离不开丝绸之路的重要作用。当前，我国又提出"一带一路"倡议，并不断付诸实施，这在很大程度上将促进沿线省份对外贸易的发展，特别是内陆的中、西部地区省份，可以帮助其克服地理区位上的劣势。

汉武帝派张骞出使西域，开拓了"陆上丝绸之路"，是中国古代对外贸易的典型，然而 20 多个世纪过去了，中国的对外贸易从当年的内陆地区转移到了东南沿海地区，这其中交通运输工具的变迁扮演了重要的角色。"陆上丝绸之路"始于汉朝，在那时，虽然成本高昂，然而陆路运输却是主要的运输方式。到了宋朝，指南针开始广泛地应用

到航海领域，加之造船技术的不断提升，海运成本逐步低于陆路运输成本，“陆上丝绸之路”也逐渐发展成为“海上丝绸之路”。即便在交通技术高速发展的今天，海运与铁路和公路相比，仍有无法媲美的优势。因而，区位优势是可以通过交通运输条件的转换而随之改变的。

我国东部地区有较长的海岸线，建设了众多港口，海运条件好。其地处西太平洋航线的重要位置，与太平洋沿岸国家做贸易，运输尤其便利。东部沿海地区的长三角、珠三角及环渤海经济区经济与贸易的快速发展，都与其便利的海运条件密不可分。当前，东南沿海地区成为我国海上丝绸之路的起点，是沟通中国和世界的窗口，区位优势不断加强。

在这种贸易运输的“海洋时代”背景下，反观中、西部内陆地区，其距离海岸线较远，陆路运输又不发达，进行对外贸易只能将商品通过铁路或公路运输到最近港口，再装上集装箱进行海运，这无疑增加了中西部地区额外的运输成本。即使青海、四川、重庆、湖南、湖北、江西、安徽等省份有长江流经，但长江的通航能力毕竟有限，船舶的吨位更是无法与远洋货轮相比，因此，外贸公司和企业在区位选择上只能更加偏好东部地区。中国西部地区与邻国的贸易即阻断于自然的天然屏障，不是运输成本高的问题，而是无法运输的问题。

交通运输之于经济发展，有如血管之于人体，二者相互促进、相互制约。“要想富，先修路”的观点虽然简单却内涵深远。顺畅、高效的运输系统促进经济的快速发展，反过来，经济的发展又会推动交通运输业的不断发展。只有二者保持协调发展的良好关系，才能使经济系统整体不断向前发展。但如果交通运输无法满足经济的快速发展，经济将陷入低谷，发展缓慢甚至倒退。运输系统升级与发展的主要任务或最终任务是降低运输成本，从而降低商品的成本，降低价格，增强国际市场竞争力。

（三）运输成本对中国内部区域贸易结构失衡的影响

由于运输设施与运输成本的巨大差异，中国东、中、西部地区在进行对外贸易的过程中，成本差异巨大，长期以来，导致了区域贸易结构的严重失衡。由于运输的问题，中、西部地区一直无法开发与其距离较近的国际市场，如印度、中亚国家市场。我国的主要对外贸易市场都是经由东部，通过海运，与美、日、欧等主要市场进行贸易的。在运输成本上，中、西部地区要承担额外的国内运输时间和距离的成本。这个成本甚至比海洋运输的成本要高。众所周知，中、西部地区出口大量的资源性产品和农产品，这些产品大多重量大、运费高，而这些产品的贸易利益又非常微薄，因而贸易就被阻断了。

我国新丝绸之路战略带来了对外贸易发展的新出路。丝绸之路经济带海关区域通关一体化模式启动后，丝绸之路区域的太原、济南、青岛、郑州、拉萨、西安、兰州、西宁、银川、乌鲁木齐 10 个海关将形成“十关变一关”的通过模式。在这 10 个海关范围内，在海关备案的企业可以“属地报关，口岸放行”，在全区域范围内享受通关快速验放待遇。以洛阳为例，洛阳的 2 吨黄铜管从最东口青岛成功通关，5 月初又实现了最西口通关，一东一西通关成功，意味着通道打开了，更多的企业能享受到运输的便利。以此为契机，中、西部对外贸易会有较快的成长。未来，包括“东方红”拖拉机、中铝洛铜铜材和阿特斯光伏产品等在内的“洛阳制造”出口中亚、西亚等内陆国家，多了一条更快速、更便捷的国际通关大通道。降低了运输成本，就是降低了产品成本，就增强了产品在国际市场上的竞争力，有助于贸易的大范围展开，使得国家内部区域对外贸易得以均衡发展。

三、促进中国内部区域贸易均衡发展的对策

促进中国内部区域贸易结构的均衡发展，需要协调整体贸易布局，从政府、企业、市场等多个角度着手，切实改善中国内陆的交通设施建设，改善管理，提高物流行业效率，降低运输成本，提高贸易效益。

（一）加强中央政府与地方政府之间的政策协调

降低运输成本，促进区域对外贸易协调发展，从政府角度来看，应从中央政府和地方政府两个方面进行政策统领和政策协调。首先，应充分发挥中央政府职能，改变过去偏向东部的一边倒政策，根据不同区域的不同发展目标，制定区域差别政策；中央政府应不断完善市场经济体制，实现区域市场体制环境的统一，打破区域壁垒，开辟中国统一大市场，促进生产要素的区域间流动，形成合理的区域经济与贸易分工，实现规模经济；中央政府应逐步完善公共服务，继续加强中西部地区基础设施建设、互联网等互联互通建设，切实落实各项政策法规，降低企业贸易成本，提升企业对外贸易的便利化。其次，地方政府间应该加强政策协调，促进区域经济合作，根据不同的地方特色，发挥比较优势，构建分工明确、优势互补的区域经济发展。地方政府不能专权，应明确地方政府职能，配合中央政策的同时，配合市场调控。

（二）加快东部地区外贸转型升级，培育新优势

东部地区在原有对外贸易的基础上，加快转型升级，减少传统劳动密集型、低技术含量产品的生产，加快技术创新，实现产品升级换代，让产品的生产工厂转型为产品的研发中心、销售中心，加快服务贸易的发展。同时，东部城市应利用地理优势，建立交通运输龙头企业，强化交通运输职能管理，为中西部地区提供完善的交通运输服务，降低中西部对外贸易成本。增强东部地区对中西部地区的辐射功能，树立供应链理念，在双赢的原则下，实现东部与中西部地区共同向前发展。

（三）中西部地区抓住机遇，变劣势为优势

不仅在大区域上，中国对外贸易发展严重失衡，只从中西部地区的对外贸易来看，两极分化的失衡情况也十分严峻。中西部地区长期以边境小额贸易与资源性产品的出口为主，贸易方式落后。因此，中西部地区要发挥各自优势，在全国贸易大供应链中寻求自己的地位，积极承接东部地区劳动密集型产业转移，将初级特色农产品进行深加工，以“绿色加工食品”等为地区特色，培育品牌，推向世界市场，实现贸易结构的升级转化。中西部地区应变劣势为优势，实现全方位的开放格局，东西兼顾，打造中国对外开放多元化的交通枢纽，降低交通运输成本。在民族文化底蕴的大背景下，走出一条独特的对外开放道路。

中国区域经济与贸易的和谐发展需要各地区共同努力，从国家角度进行总体布局和要素配置，在中国劳动力成本不断提高的情况下，应努力降低运输成本，保持对外贸易的竞争力，协调中国内部区域贸易结构，促进整体贸易的健康发展。

第四节　国际贸易实务中区域经济产品品牌价值链构建

在我国经济快速发展的新时代，国际贸易体系日益完善，对区域经济发展具有十分重要的支撑作用，而构建产品品牌价值链则更具有战略性和持续性。本节对此进行研究和探索，在简要分析构建区域经济产品品牌价值链的价值基础上，重点分析存在的制约因素，并就如何构建区域经济产品品牌价值链、提升国际贸易发展水平提出针对性的对策。

随着我国改革开放的持续深化，特别是在我国国际地位日益提升的时代背景下，我国国际贸易体系日益完善，这也使各地在发展区域经济的过程中拥有更广阔的发展空间。要更有效地开展国际贸易工作，就应当更加重视区域经济产品品牌建设，特别是要在构建价值链体系方面取得突破。尽管国际贸易企业普遍高度重视品牌建设，而且在不断提升品牌的影响力和吸引力，但仍然有一些企业没有深刻认识到构建区域经济产品品牌价值链的重要性，导致品牌建设受到较大的影响，不仅制约了国际贸易的有效开展，而且导致一些国际贸易企业品牌形象受到较大影响。这就需要国际贸易企业在开展品牌建设与管理工作的过程中，一定要着眼于构建区域经济产品品牌价值链，积极探索更加科学和完善的品牌建设与管理模式。

一、构建区域经济产品品牌价值链的重要价值

在我国国际贸易体系日益完善的新形势下，对于任何国际贸易企业来说，一定要高度重视品牌建设与管理工作，特别是要从区域经济的战略高度入手，努力构建产品品牌价值链取得突破具有十分重要的价值。构建区域经济产品品牌价值链，能够使国际贸易企业品牌建设与管理取得更大突破，特别是由于价值链管理具有很强的融合性和渗透性，使品牌建设与管理工作不断成为国际贸易营销的重要手段，也使品牌建设与管理工作更具有拓展性，推动品牌的核心价值体系建设。比如企业通过构建具有特色的品牌管理体系，可以使品牌建设与区域经济、企业形象、产品创新等进行有效的结合，进而能够实现品牌建设与管理的深度拓展，使国际贸易企业具有更加深远的影响，实现品牌建设与管理的效能性；通过构建区域经济产品品牌价值链，能够使国际贸易企业品牌建设与管理更加符合国际贸易发展的需要，特别是在当前品牌越来越受到重视的新时代，通过构建区域经济产品品牌价值链，能够使其更具有独特优势，国际贸易企业将品牌建设与区域文化紧密结合起来，赋予产品品牌强大的生命力，进而获得国际消费者的认可和依赖；通过构建区域经济产品品牌价值链，还能够使品牌营销朝着多元化和效能化的方向发展。比如有的国际贸易企业在开展国际贸易营销的过程中，塑造了独特的品牌形象，不仅在包装方面体现了区域特色，而且在产品内涵方面也进行了深入设计，使产品在国际市场具有较强的影响力。

二、构建区域经济产品品牌价值链的制约因素

（一）存在观念制约

目前一些国际贸易企业还没有深刻认识到区域经济产品品牌价值链的重要价值，因而在实施过程中缺乏有效性，特别是在开展品牌建设与管理的过程中还没有形成科学的方法和机制。比如一些国际贸易企业还没有将产品品牌建设与国际化市场进行有效结合，特别是在开展品牌建设与管理的过程中，更加重视拓展市场，而没有从内部改革入手进行品牌塑造，导致品牌建设与管理缺乏系统性；有的国际贸易企业则没有树立“消费者导向”的品牌建设与管理理念，缺乏对品牌核心价值的打造，甚至一些企业为了追求效益，在进行品牌宣传的过程中出现了“虚假宣传”，不仅无法提高自身的品牌核心价值，甚至会对国际贸易企业的产品品牌造成十分不利的影响。这已经成为国际贸易企业构建区域经济产品品牌价值链的重要制约因素。

（二）存在体系制约

目前一些企业在构建区域经济产品品牌价值链过程中，还没有建立完善的构建体系，特别是没有将国际贸易、区域经济、产品品牌等紧密结合起来，导致区域经济产品品牌价值链不够完善，无法形成良性循环。比如，有的国际贸易企业不注重“品牌生态论”建设，既没有构建比较完善的“品牌宽度”，也没有形成不同品牌对同种资源共同利用的“品牌重叠度”，必然会导致区域经济产品品牌价值链无法形成，在这种情况下，其国际市场影响力必然受到较大的影响，同时也无法在同行业中形成比较优势。区域经济产品品牌价值链构建体系存在制约还表现为一些国际贸易企业不注重对品牌核心价值的挖掘和塑造。比如，有的企业不注重运用科学的技术收集消费者和客户对产品品牌的忠诚度和认同度数据，同时也没有进行有针对性的改进等。

（三）存在模式制约

从当前很多国际贸易企业特别是中小国际贸易企业实施品牌发展战略的情况来看，尽管与过去相比有了进步，但在构建区域经济产品品牌价值链的过程中仍然没有形成比较科学的构建模式，最根本的就是不注重打造品牌独特形象，导致区域经济产品品牌价值链不够完整。比如，一些国际贸易企业没有正确处理好品牌外在形象与内在形象之间的关系，尽管在宣传方面下了很大功夫，而且投入的规模也比较大，但由于品牌的内在形象不佳，甚至产品的质量和效果不佳，最终导致品牌宣传失败。还有一些企业不注重将打造产品品牌与企业文化进行有效结合，因而在打造品牌内部文化方面相对比较薄弱。比如有很多企业尽管有很多好的产品，而且具有一定的影响力和竞争力，但没有实施“文化导向”的品牌营销，同时也没有开展具有较强宣传效应和公关效能的品牌公益活动，导致品牌建设与管理受到较大的影响，整体竞争力仍然不强，而且品牌的可持续发展能力受到制约。

三、构建区域经济产品品牌价值链的实施策略

（一）创新区域经济产品品牌价值链构建观念

有什么样的观念就会有什么样的行动。对于国际贸易企业来说，在开展国际贸易过程中，一定要高度重视区域经济产品品牌价值链的构建，努力提升品牌建设与管理的深度和广度。这就需要我国外贸企业在开展市场营销与管理的过程中，一定要将构建区域经济产品品牌价值链上升到战略层面，着眼于提升品牌的创新发展能力，将品牌建设与管理与区域经济紧密结合起来。比如可以将产品品牌融入区域文化中，大力提升产品品牌的文化内涵，进而能够达到更好的效果。创新区域经济产品品牌价值链构建观念，还

要牢固树立“消费者导向”的品牌建设与管理理念，着力打造具有较强吸引力和影响力的品牌核心价值，将经济效益与社会效益、品牌建设与品牌创新紧密结合起来，不断提升品牌建设的整体水平。国际贸易企业也要深刻认识到新时代构建区域经济产品品牌价值链的综合效应，因而应当建立相应的品牌建设与管理组织机构，加强区域经济产品品牌价值链的研究。

（二）完善区域经济产品品牌价值链构建理念

构建区域经济产品品牌价值链是一项系统工程，不仅涉及方方面面，而且具有很强的融合性和渗透性，因而应当加强区域经济产品品牌价值链构建体系建设。在具体实施过程中，国际贸易企业应大力增强品牌建设的整体性和系统性，特别是要将国际贸易、区域经济、产品品牌、企业品牌、行业品牌等紧密结合起来，在塑造品牌的过程中，应本着“人无我有、人有我精”的原则，深入挖掘更具有内涵和价值的品牌文化，努力提升产品品牌的吸引力。要将“品牌生态论”应用于构建区域经济产品品牌价值链当中，既要抓好“品牌宽度”建设，同时也要在强化“品牌重叠度”方面实现突破。比如可以将产品品牌建设与区域文化、区域特色以及区域品牌进行融合，借助区域品牌的力量提升产品品牌的影响力。国际贸易企业在挖掘和塑造产品品牌的过程中，也要高度重视消费者和客户的忠诚度和认同度建设，可以利用大数据技术收集相关信息，并不断优化和完善产品品牌发展模式。比如通过产品创新提升其产品应用价值等。

（三）改进区域经济产品品牌价值链构建模式

对于构建区域经济产品品牌价值链来说，科学的模式可以使其更具有创新与发展能力，也能够在构建区域经济产品品牌价值链的过程中提升企业的经济效益和社会效益。这就需要国际贸易企业更加高度重视品牌建设与管理模式创新，重点将打造品牌独特形象上升到战略层面，强化产品品牌的特色化、个性化，进而实现产品品牌建设与管理的可持续发展。比如，国际贸易企业在构建区域经济产品品牌价值链的过程中应当正确处理好品牌的外在形象与内在形象之间的关系，使“内外结合”与“相互促进”成为重要的方式和方法，既要利用消费者喜闻乐见的方式进行宣传，也要在提升产品品质方面狠下功夫，同时也要高度重视产品品牌的持续创新。要高度重视品牌建设与管理的“文化导向”，国际贸易企业除了要强化产品品牌“本土化”特色之外，在开展国际贸易的过程中也要进一步提升品牌文化的融合性，以引起国外消费者的共鸣，提升国外消费者对品牌的认知度。

综上所述，在我国国际贸易快速发展的新时代，对于广大国际贸易企业来说，必须不断优化和完善发展体系，特别是要在品牌建设与管理方面取得新的更大突破。随着“价值链”管理理论越来越受到重视，而且在各个领域和各个方面都得到了广泛应用，使价值链管理理论的应用得到了有效拓展，而将其应用于区域经济产品品牌建设与管理中则更具有战略性和创新性，不仅能使区域经济产品品牌建设与管理取得更大突破，同时也能使品牌建设与管理发挥更加多元化的作用。这就需要国际贸易企业在开展区域经济产品品牌建设与管理的过程中，一定要积极推动创新，特别是要运用系统思维和创新理念，积极探索构建区域经济产品品牌价值链的有效形式，重点要在创新区域经济产品品牌价值链构建观念、完善区域经济产品品牌价值链构建理念、改进区域经济产品品牌价值链构建模式等诸多方面取得突破，最大限度提升品牌影响力。

第五节　多边贸易体系变革与扩大高水平对外开放

当前，在多边贸易体系发展演变的同时，区域经济一体化也迅速发展起来。改革开放 40 多年来，我国已经实现了经济从弱到强、对外贸易从小到大的转变，但是要全面参与全球贸易治理乃至全球经济治理，须进一步深化改革，加快扩大开放。

当今世界经济全球化曲折发展，区域经济一体化以变奏曲的方式继续向前推进。我国仍将长期处于战略机遇期，但面临的挑战也是前所未有的。因此，必须坚定不移地深化改革，实行对外开放基本国策，打造更高水平的开放型经济，推动开放型世界经济的构建。

一、多边贸易体系的历史演变与发展

全球经济治理的一个重要方面就是全球贸易治理，全球贸易治理离不开以 WTO 为代表的多边贸易体系的支持，这一体系是由一系列贸易协议及规则构成的，此外还包括其他平台，如联合国贸易和发展会议、二十国集团（G20）等。影响全球贸易治理的还有区域经济一体化的各种形态及载体，如自由贸易区或准自由贸易区（FTA\RTA）、关税同盟、经货联盟等，以及一些非机制化的安排也会对全球经济治理产生影响，如亚太经合组织（APEC）、亚欧首脑会议（ASEM）等。21 世纪的新规则往往是由一些区域经济一体化的协议率先提出并被逐渐推广到多边贸易体系中的。

（一）以 WTO 为代表的多边贸易体系正在走向 3.0 时代

世贸组织、世界银行、国际货币基金组织作为全球经济三大支柱（GATT\WTO、WBG、IMF）构建了多边贸易体系。WTO 在其 1.0 时代，即关税与贸易总协定时期（GATT1947—1994 年），主要任务就是着眼于货物贸易的自由化，即大幅削减关税和非

关税壁垒，涉及的领域主要是非农产品—工业制成品。在其 2.0 时代，也就是世界贸易组织从创立到金融危机过后的时期（WTO1995—2014 年），主要任务是在继续坚持货物贸易自由化的同时，将贸易自由化拓展到服务贸易（GATS）、与贸易有关的知识产权（TRIPS）、与贸易有关的投资措施（TRIMS）以及贸易与环境等领域。当前，多边贸易体系正在逐步迈向 3.0 时代。2015 年之后，美欧已经不再讨论多哈回合贸易谈判的问题，而发展中国家仍聚焦农产品和非农产品谈判。2015 年年底 WTO 部长会议决定给各成员国以半年的反思期，以寻找多边贸易体系未来发展方向，但到 2016 年 5 月反思期结束后，仍未达成共识。欧美发达经济体在与发展中国家不能达成意见一致的条件下，转为关注"WTO+"，即与贸易无直接关系的诸多边境内措施，如竞争政策、政府采购、国有企业和指定垄断、环境、监管一致性、透明度和反腐败等，以及国际服务贸易协定（TISA）等诸边协议。

总体来看，当今全球贸易治理面临困境，20 世纪上半叶形成的世界多边贸易体系的旧架构（GATT）及其在 20 世纪 90 年代拓展的框架（WTO）已经与当今的全球经济贸易发展格局极不适应。

（二）以 FTA\RTA 为代表的区域经济一体化分化

在多边贸易体系发展演变的同时，区域经济一体化也迅速发展起来。它同样经历了三个阶段：自由贸易协定或区域自由贸易协定（FTA\RTA）的 1.0 时代只包含货物贸易自由化，90% 以上进出口货物零关税；2.0 时代则涵盖服务贸易、知识产权和投资等领域；3.0 时代拓展到竞争政策、投资政策、政府采购、国有企业和指定垄断、劳工、环境、监管一致性、透明度和反腐败等更多领域，并产生了一些新规则（如电子商务等）。

区域经济一体化迈向 3.0 时代，前期美国"两洋战略"的两大支柱——跨太平洋伙伴关系协定（TPP）和跨大西洋伙伴关系协定（TTIP）主导了超大型自由贸易协议，后期则发生了重大分化：一方面，美国重新审视各种自由贸易协议，以一对一的方式与贸易伙伴逐一谈判废止了 TPP，TTIP 暂时搁浅，重谈北美自由贸易协定（NAFTA），并于 2018 年结束谈判且更名为"美墨加三国协议"。另一方面，欧盟、日本等持续推进一体化进程：2016 年年底欧盟与加拿大签订了《综合经济与贸易协定》（CETA），2018 年与日本签订了《欧日经济伙伴关系协定》（EPA），除美国外的其他 TPP 国家签订了《全面与进步跨太平洋伙伴关系协定》（CPTPP），东盟和中日韩澳新印参与的《区域全面伙伴关系协定》（RCEP）也在加快商签进程。同时推动亚太自由贸易区（FTAAP）建立。

与"逆全球化"不同，区域经济一体化这一历史潮流没有改变，而且正在按照自身的方式继续推进，未来还将进一步发展。

二、我国在全球贸易治理中的角色转换

（一）从边缘配角到主角之一的转变

改革开放40多年来，我国实现了经济从弱到强、对外贸易从小到大的转变，GDP和对外贸易均居世界第二位（其中，货物贸易第一、服务贸易第二）。随着对外开放的逐步扩大和自身实力的提升，我国在全球贸易治理中的角色也从被动适应者转为主动参与者。

1. 在第一阶段（1978—1994）

第一阶段即改革开放之后到WTO成立这一阶段，我国从多边贸易体系的局外人发展为积极申请"复关入世"，GATT协议与规则的学习者、被动的追随者。

2. 在第二阶段（1995—2008）

第二阶段即WTO成立、我国加入WTO再到全球金融危机爆发，我国主要作为WTO协议与规则的学习者，全程参与多哈回合谈判的非缔约方、兑现加入WTO承诺议定书的履行者和WTO规则的实践者，完成了从多边贸易体系的局外人到局内人的转变，成为拥有全权的缔约方，既履行义务又享有全部权力。

3. 在第三阶段（2008年迄今）

全球金融危机之后，我国转变成多边贸易体系及其规则的维护者、规则重构的积极参与者。从发达国家要求我国贸易自由化到高举自由贸易大旗，反对形形色色的贸易保护主义；从代表发展中国家利益，到作为发展中国家与发达国家之间的桥梁；从积极推动多哈回合取得早期收获，到推动贸易便利化协议的达成，积极参与信息技术协议扩围谈判和环境产品协议谈判等。在当今WTO亟须改革的时期，我国身份转变为WTO现代化的积极建设者与共同引领者。

此外，我国在其他多边会议场所，如联合国贸发会议、G20、APEC、金砖国家及上海合作组织等非约束性、非机制化安排场合，也积极与合作伙伴提出了维护和改善全球经济、贸易、投资等领域治理的倡议方案，如在G20杭州峰会提出了《G20全球贸易增长战略》《G20全球投资指导原则》等。

（二）角色转换是一个自适与他适的长期过程

我国要全面参与全球贸易治理乃至全球经济治理，就必须进一步深化改革，加快扩大开放。

1. 开放型经济发展水平有待提高

这主要表现在以下几个方面：我国自身贸易自由化尚未完成，也就是说按照多边贸易体系1.0时代货物贸易自由化的要求，我们只完成了高于一般发展中国家水平的自由化（关税大大低于发展中国家的平均水平），但按照动态发展来看，与中高收入国家且

即将迈入高收入国家行列所应有的关税水平还存在不小的差距，如与发达国家相比，我国关税平均水平仍为发达国家一倍以上，还有较大的降税空间。按照多边贸易体系 2.0 时代的要求，我国服务贸易自由化水平整体较低，特别是金融服务业自由化滞后，开放任务极为艰巨，在知识产权保护方面有待进一步提升水平，还需要尽早加入政府采购协议等。

2. 制度性话语权较弱

当今多边贸易规则主导权仍掌握在发达国家手中，我国参与规则重构的能力不足。在全球化推进过程中，发达国家认为，它们已经完成了贸易自由化，当前更主要的是关注公平贸易和非贸易领域的自由化，即国内规制的自由化（特别是关注政府监管的一致性），而我国作为最大的发展中国家，国情和现阶段发展水平无法达到欧美发达国家的标准，强求一致并不现实。发达国家一方面在 WTO 中先制定诸边协议，然后再推向多边，如新的“服务贸易协议”（TISA）。另一方面近期又频频酝酿有针对性的 WTO 改革提案。在这一背景下，我国的反制性措施十分有限，而其他发展中国家对我国寄予厚望。既希望我国代表发展中国家与发达国家博弈，维护并争取更多的利益，又担心我国出于自身利益考虑，在一些重大问题上做出过多让步。在平衡各方面利益上，我们还缺乏足够的实践经验，这也是一种考验。

3. 在多边贸易体系中发挥更大影响的意愿与现有能力不匹配

我国提出了促进贸易投资自由化便利化，推动经济全球化朝着更加开放、包容、普惠、平衡、共赢的方向发展的理念，但如何将这些转化为可具体实施的议题（提出、设置），发出中国声音、提出中国方案（提案），推动达成共识，进而转化为具有约束力（具有国际法法律效力）的规则（协议）的能力不足，具体表现在缺乏参与国际贸易谈判的中长期规划（目标、方向、议题关联性），国内协调机制不够完善，缺乏国际贸易谈判人才，特别是专业型和综合型人才储备不足，专业型智库和行业领域专家支撑能力不够，非政府组织（NGO）等社会组织参与欠缺等。

三、扩大高水平对外开放的新方略与新举措

新时期构建开放型经济新格局必须推进更高水平的对外开放，其本质要求是推动由商品和要素流动型开放向规则等制度型开放转变。

（一）新时期的新方略

扩大高水平对外开放的方略就是全面贯彻党的十九大精神，深化改革、扩大开放，以开放倒逼市场化改革，在市场配置资源起决定性作用和更好地发挥政府作用中，形成

加快开放发展的法律环境，以开放促改革、促发展、促创新，坚定不移地推进贸易投资自由化和便利化，打破制约开放型经济发展的体制机制和政策障碍，加大重点行业和关键领域的开放力度，推进贸易强国建设，加强区域、多边、双边领域的开放合作，加快培育国际经济合作和竞争新优势。

1. 在扩大高水平对外开放中，坚持扩大开放与深化改革相结合、对内开放与对外开放相结合、自主开放与协议开放相结合、“引进来”与“走出去”相结合、双边区域开放与多边开放相结合、全面开放与重点领域开放相结合、扩大开放与保障国家安全相结合。

2. 建立和完善我国开放新模式——“准入前国民待遇 + 负面清单”，着力培育我国各类产业核心竞争力，确立不同领域行业的开放策略，发挥自贸试验区和自由贸易港的开放引领作用，积极参与国际贸易投资新规则的制定。

3. 在实施层面：一是统一思想，贯彻开放发展理念；二是改革创新，建立适应高水平开放发展的体制机制；三是启动新一轮与高水平开放相适应的法律法规的废改立；四是更好地发挥政府营造和保障公平竞争的职能作用；五是发挥行业商协会作用，提升高水平开放条件下的行业监管能力；六是提升高水平开放条件下风险预警、防范、化解的能力等。

（二）新时期的新举措

1. 实行高水平的贸易自由化便利化政策。一是在客观评估我国工业化水平和国际竞争力的基础上，分阶段实施降低关税措施；二是进一步削减非关税壁垒，加快国内规制改革，逐步适应监管一致性的要求；三是提升进口贸易在国民经济和社会发展中的地位与作用，继续办好中国国家进口博览会，持续推进贸易综合平衡，补好货物贸易进口的短板和服务贸易出口的短板。

2. 实行高水平的投资自由化、便利化政策。一是全面实行并完善“准入前国民待遇 + 负面清单”管理制度，凡是在我国境内注册的企业，都要一视同仁、平等对待；二是大幅度放宽市场准入，重点是扩大包括金融业在内的服务业对外开放；三是营造更优的公平竞争环境；四是强化保护外商投资合法权益，特别是对产权和知识产权的保护。

3. 提升对外投资质量和水平。建设高水平开放型经济的一个重要方面就是走出去开展对外投资，提升我国企业的国际化水平。一是以“一带一路”建设为重点，创新对外投资方式，特别是建设运营模式，培育对外投资联合体；二是深化对外投资管理体制改革，创新政策支持手段，主要是财政金融支持和便利化服务；三是打造中国投资品牌，深化国际产业合作，提升投资与贸易的联动性；四是通过加大涉外谈判力度，通过双边和区域协议（FTA\RTA）向国外合作伙伴争取更多市场准入机会，利用产业和市场的互补性推动投资合作，实现双赢、多赢。

4. 更好地发挥自贸试验区和自贸港等开放高地的示范引领作用。一是对标国际先进规则，建立相容相接的制度体系，打造特色格局的开放高地，推动区域开放、协同开放；二是赋予自贸试验区更大的改革自主权，落实自贸区 2.0 版改革方案的各项政策，培育发展新动能，释放制度创新红利，同时完善事中事后监管体系；三是探索建设中国特色自由贸易港，处理好中国特色与国际“接轨”的关系。

5. 推动完善全球经济治理特别是多边贸易体系。一是深度参与全球经济治理，推动形成稳定成熟的 G20 贸易投资机制，为经济全球化注入持久动力；二是坚定维护多边贸易体系，深度参与 WTO 框架下的多边谈判，维护我国和其他发展中国家的共同利益；三是利用好多边机制，特别是 WTO 的争端解决机制以及贸易政策审议机制，维护我国经贸利益；四是积极参与新议题的讨论和新规则的制定，视情况适时加入诸边谈判。

6. 构建高标准自由贸易区网络。一是根据国家对外总体战略和“一带一路”建设要求，与重点潜在自贸伙伴开展工作；二是完成正在进行的自贸协定联合研究（目前有 10 余个国家参与）；三是从货物贸易推进到服务贸易和投资等领域，对已实施的自贸协定进行升级；四是建立自贸协定实施情况影响评估机制，及时发现并解决相关问题；五是进一步推进各种区域和次区域合作。

第六节　区域经济一体化对多边贸易进程的影响

一、区域经济一体化的发展阶段及动机

区域经济一体化的发展阶段：自由贸易区。所谓的自由贸易区要求区域内的成员国之间消除彼此的贸易限制，但对区域外的国家则保持各自的关税结构。关税同盟。关税同盟是指区域内成员国在具有共同的对外贸易政策的同时，也对外实行相同的关税政策。共同市场。共同市场是在关税同盟的基础上，允许生产要素在区域内成员国之间的自由流动。经济同盟。经济同盟是指成员国拥有共同市场，并在该市场上实行一定统一程度的经济政策。货币同盟。货币同盟通常是指在经济同盟的基础上，在共同市场上流通同一货币。

区域经济一体化的内在动机：经济方面的动机。世界各国加入区域贸易组织的原因之一在于寻求更为广泛或者更多的市场准入资格。市场准入的协议在双边或区域内的平台上往往是比较容易达成的，而在 WTO 这样的多边谈判平台上则难以实现。因此，各国如果在多边贸易谈判中受挫，则可以参加或缔结区域性的贸易协定。此外，区域经

济一体化关于经济方面的动机还有以下几个方面：一些国家希望在贸易的开放方面比WTO其他成员国走得更远；一些国家则寄望于自己影响国际贸易的能力得以加强；一些国家又是基于市场准入的保障性需求；而一些国家是希望规避掉WTO关于非歧视性的要求；还有一些国家是希望能增强与主要贸易伙伴讨价还价的能力。自然，在区域经济一体化形成进程中，上述的动机可能两个、三个甚至多个同时存在。政治方面的动机。一国选择缔结或者加入一个区域性贸易协定的又一个重要的原因往往是出于政治上的需要。通常来说，区域经济一体化往往会受外交政策及国家安全的促使。而有的国家也会出于全球战略或地区政策的考虑，通过区域经济的一体化来寻求更多成员国的支持。此外，有的国家为了增加贸易额和国际直接投资，也会有政治上的动机。

二、区域经济一体化对多边贸易进程的影响

基于对区域经济一体化发展阶段及内在动机的分析，可以明确在区域经济一体化进程不断深入的过程中，区域内成员国之间的贸易壁垒已被突破，共同的市场会逐渐形成，甚至最后会统一货币政策。要分析区域经济一体化对多边贸易进程的影响，主要应该分析区域组织是否对区域外实行贸易歧视，因为多边贸易谈判的原则就是消除贸易歧视，通过自由贸易理念寻求全球福利。

区域一体化对多边贸易有利的一面：区域一体化可作为多边贸易的试验所。由于区域谈判的参与国一般相对较少，许多协议的促成都是基于两国之间的双边谈判。因此，相对于WTO的多边谈判，区域性的贸易谈判更容易达成共识。除此之外，区域组织所涉及的国家要么是地理位置上彼此邻近，要么是经济上存在互补性，要么是拥有共同的政治和安全利益，所以这就提高了它们彼此间通过区域贸易协定的可能性。出于区域一体化的这一优势，WTO可以通过区域贸易的协定来试运行一些在多边贸易体制中还未出现的新制度或新规则，并通过这一试验场来促使各WTO成员方消除彼此的矛盾，接受彼此的立场。区域开放度的提高及一体化的紧密度增强有利于WTO的发展。区域一体化组织虽然提高了对内部成员国的保护水平，但客观上来讲，也加深了成员国之间的经济联系，并提高了相互之间的开放度。此外，区域组织也可以通过更加紧密的经济一体化来增强贸易的自由度，而这些都与WTO的宗旨一致，也可以将其看作多边贸易体制得以进一步发展的前奏。区域组织内投资对贸易的替代有助于WTO投资协议的进程。区域贸易区的短期效能将会影响成员国之间的贸易流向，但长期而言，就会影响到成员国之间的投资流向。又由于区域内价格与成本相同，所以基于禀赋差异的资金流动将会促使投资对贸易的替代，这无疑将有助于WTO投资协议的发展。区域贸易的一些规则

所导致的成本提高，将会推动贸易者对普惠制的选择，这也变相推动了多边贸易体制的进程。区域内规则，特别是其原产地的相关规则往往增加了生产者的管理成本，这就促使生产者转而对普惠制的追求，客观上帮助了以特惠国待遇为基本原则的世界多边贸易体制的发展与进步。

区域一体化与多边贸易冲突：区域贸易的转移效应不断加大，导致全球福利水准的下降。基于经济贸易学的理论，WTO 建立的基础是希望各成员国根据各自的比较优势进行国际分工，把有限的资源集中，生产具有相对有比较优势的产品，在获得专业分工利益的同时，推动生产可能性曲线的外移，这样既扩大了全世界的产量，也促使了全球福利水准的提升。但是区域一体化组织的一些规则却促使有的生产者做出完全相反的选择。一些生产者为了使自身满足区域原产地的要求，最后会在原材料或中间产品的来源方进行重新配置。这样很可能导致的结果是放弃区域外的廉价供给者，转而选择区域内成本更高的供给者来代替，甚至还要对其产品的生产技术进行进一步的调整。这无疑会使生产技术更加复杂，生产成本不断提高，而产品的技术生产效率越低，其贸易的转移效应就会越高。如果区域内部原产地的规则程度越高，资源配置的方向就会离比较优势原则越远，同时全球的福利水准就会随之进一步降低。区域性组织虽然保护了区域内部产业的发展，但对于区域外却无疑是一种歧视性的存在。区域经济一体化组织对区域外的歧视主要包含两个方面：一个是其区域性的贸易协约所覆盖的具体范围；另一个是其区域性的贸易条款与多边贸易体制之间所存在的差异。如果覆盖的范围越广、差异性越大，则区域组织对区域外的歧视程度就越高。基于区域性协定的原产地原则不仅打击了 WTO 的最惠国原则，其内部的不一致性及普遍存在的暗箱操作现象，也破坏了多边贸易体制中对透明度的要求。区域组织的内部保护不但使 WTO 的谈判进程举步维艰，其内部规则的复杂多样性甚至多变性也变相增加了贸易的成本，严重阻碍了全球范围内的贸易自由。

三、区域经济一体化与多边贸易体制的协调和完善方向

在全球经济化不断深入的背景下，世界各国的经济联系以及相互依存度不断深化，伴随着国际性专业大分工程度的提高，世界已经成为一个相互联系的生产网络。这就使得区域经济一体化与多边贸易体制的协调变得更加紧迫。

二者的协调方向：渐进性地进行协调。如果在 WTO 多边谈判平台上遇到阻力，不同贸易区的协调难以达成，各成员国可以采用渐进性的方式。先不断发展自己熟悉的自由贸易协定，逐步吸引更多的成员国加入，伴随着全球经济化趋势的不断加强、国际贸

易自由化程度的持续提高，区域化经济组织的模式将会逐渐融合，最终在全球范围内形成协调一致的贸易规则。累积性地进行协调。所谓的累积规则是指一个区域性组织允许自己的成员国使用另一区域性组织成员国的非原产地的原材料或者中间产品，但最终的产成品却不会失去成员国的优惠待遇，打破了严格的原产地原则。从这一规则可以看出，其优惠待遇将惠及和该区域性组织相关的国家或区域，自然，这种方式降低了区域保护程度，延伸了更为广阔的优惠区域。所以一旦提倡这种累积原则，必将有利于全球范围内贸易规则的协调。

二者的完善方向：需要进一步调整区域性贸易规则的标准，降低复杂度和多变性，旨在消除分歧，方便区域间的合作；需要进一步完善区域的服务性原则，在满足服务型贸易不断发展的前提下，也能保障区域间经济合作更加紧密；需要利用渐进性和累积性的原则来消除区域内外的非对称性。这样既可以使区域间相互认可渐进性和累积性的原则，也可以弥补区域间自然存在的禀赋方面的差异。

区域性经济一体化组织的高速发展使其规则的职能得以扩大，具体反映了区域内成员国利益与产品生产阶段紧密结合的特征。而这些特征催生了区域内的保护手段，增强了区域贸易的转移效应，降低了全球范围内的福利水准，因而这些效果与 WTO 的目标与原则产生了冲突。但与此同时，区域内部开放和自由程度的不断提高，生产者所使用的投资代替贸易的做法却也推动了 WTO 投资协议的发展，区域内管理成本的不断上升也推动了内部成员国对普惠制的逆向选择。这些影响使得区域经济一体化与多边贸易体制之间存在了协调的基础与可能，进而使用渐进制和累积制原则可以实现区域经济一体化与多边贸易体制的协调与完善。

第七章　区域农业经济发展

第一节　区域农业经济发展对策建议

农业发展是新时代经济社会高质量发展的重要组成部分，而通过农业发展能够很好地解决农业发展、农村环境改善、农民增收等重大问题。在农业经济发展过程中，应根据地理特点及区位优势发展符合当地的特色农业经济，以此实现区域农业经济的高质量发展。本节对区域农业经济发展进行分析，并提出相应的对策建议。

一、区域农业经济发展概述

随着新时代经济社会由高速度发展向高质量发展的转变，农业发展也在逐步改变传统的发展方式，在农业现代化、农村环境改善、农民增收等方面逐步按照高质量发展的总体目标和要求不断深化改革和发展。区域农业经济发展，是指按照一定的地理环境及行政区划形成的具有一定自然、政治、经济、社会、文化特征的集群化的农业发展方式。从区域农业经济发展的特点上看：一是区域农业经济发展具有特色性，区域农业经济就是在一定的地理范围和行政区划内开展的农业生产活动，因此，区域农业经济根本的特点是具有特色性。二是区域间农业经济发展具有差异性。之所以称之为区域农业经济发展，就是每个区域都有每个区域农业生产的传统、农业产品的特色、农村文化的传承以及农民耕作的习惯，因此每个区域的农业经济发展都有其自身的特色，既有相同之处又很多差异。三是区域农业经济发展具有普惠性。区域农业经济发展是带动区域内农民增收的有效发展途径，区域内的农业经济发展具有集体性、整体性的特点，因此就体现了区域农业经济发展的普惠性。

二、区域农业经济发展存在的问题

当前区域农业经济发展呈现出高速发展的态势，但是与新时代高质量发展还存在一定的差距，这些差距主要体现为以下几方面：一是农民经济收入渠道单一。农业活动投入高、产出低的特点不能保证给农民带来足够的经济收入，农村经济受到很大限制。而且一般而言，在农村传统型经济发展中，与土地应用的经济活动占绝大多数，农村劳动力基本上都投入了农、林、放牧等传统农业生产中。而在机械化生产的今天，依靠人工种植、照料、收集农作物的方式已经不能适应当前社会的发展速度。在网络时代，电商的发展为提高农村经济提供了很好的条件。因此，针对这种情况，必须要求农村重新规划生产，与时俱进，把一些科学技术应用其中，降低对农村劳动力的消耗，提高农村劳动力的价值，提高农村人口综合素质。二是农村人口综合素质不高。从整体上来看，农村人口的综合素质不高，只能从事一些简单的体力劳动，但一般而言，体力劳动的收入都比较低，无论在哪里工作都只能在最底层，付出的体力劳动最多，但是得到的薪金却最少。农民整体素质不高制约了农村经济的健康发展，对区域发展也有很大的影响。农村经济的振兴需要每个农民的参与，提高他们的综合素质，让他们能够产生更大的作用是当前促进农村经济发展和区域发展的重要举措。农民综合素质不单能够在生产农产品的过程中得到体现，同时还可以体现在对农副产品开发应用的过程中。而且在市场经济背景下，需要对农业进行更新、改革换代，而要实现这些目标也需要高素质的农民来奠定基础。农村人口的综合素质提高，那么他们就可以更好地利用农村的各种资源，把农村这个经济宝库的潜在价值开发出来，从而最大限度地促进农村经济的发展。而且当农民的整体素质提高以后，就可以不用再单纯地依靠体力劳动来获得经济收入，可以从事相对轻松的脑力劳动养家糊口。三是农业生产环境。农村的经济基础较差，所以农业生产环境也往往不理想。运输对于农村经济与区域发展的重要性显而易见，虽然有些农村的道路运输条件比较好，但是对于部分农村而言，运输条件非常差，甚至都没有柏油马路。农作物生产出来以后，如果不能及时运输出去，就会使这些农作物得不到有效利用，对农村经济的发展也会产生很多不利影响。因此，对于我国某些部分的农村地区和区域而言，自然环境是制约经济发展的重要因素。

三、区域农业经济发展的对策建议

区域农业经济发展是现代化农业发展的趋势，在地理位置与行政区划的一定范围内，结合自身自然环境、生产经验、农民意愿进行特色农业生产，能够有力地提升农业现代化发展、农村环境改善和农民增收，以区域农业经济促进区域经济社会高质量发展。笔者在区域农业经济发展的过程中，提出了以下建议：

在农业现代化发展方面：一是区域农业经济发展应按照国家相关政策、指导意见，结合区域农业发展的实际制订区域农业经济发展规划，以规划引领区域农业经济发展；

二是区域农业经济发展应加强农业科学技术在农业发展中的应用，充分发挥农业科技推广工作的作用，提升农业经济发展的水平和质量；三是区域农业经济发展应结合区域经济社会发展的整体思路和发展战略，将农业经济与区域经济发展进行深度融合，形成区域特色农业产业发展，以产业发展带动区域农业经济高质量发展。

在农村环境改善方面：一是区域农业经济发展应注重基础设施建设，既要不断完善农业生产基础设施和设备，同时也要将农村环境改善作为农业现代化生产、发展农业经济的重要组成部分，通过农村环境改善农民居住环境和生活休闲环境，提升农民从事农业生产的积极性；二是区域农业经济发展应注重农村文化生活质量的提升，将农村文化生活建设作为意识形态引导方式，从而引导农民参与到区域农业经济发展中来，同时也通过农村文化生活为农村文化环境的改善提供有力的支持；三是区域农业经济发展更应注重自然环境的保护，人与自然和谐相处是农村环境改善的重要方面，在区域农业经济发展的过程中，应在保证自然环境不被破坏和不断改善的基础上开展各项农业生产和农村生活改善。

在提升农民收入方面：一是区域农业经济发展应注重教育在提升农民增收方面的基础性、决定性作用，通过各种类型、各种层次、各种形式的教育开展，提升区域内农民的文化程度和综合素养；二是区域农业经济发展应注重农民的技能培训，通过专业技能培训使农民在区域农业经济发展中有一技之长，突出特色，更好地服务于区域农业经济发展；三是区域农业经济发展应注重农民掌握不断发展的信息技术，通过信息技术的掌握，了解动态发展的外部世界和掌握更多增加农民收入的有价值的信息和知识。

第二节　农作物种植结构与区域农业经济的发展

农作物种植存在极为明显的地域差异，农作物种植结构的优化调整，受社会经济条件与农业资源、市场因素等多方面的影响。近几年，我国经济飞速发展，市场指导作用也日渐明显，区域农作物种植结构调整与优化势在必行，循环周期逐渐缩短。提高农作物种植结构效率，有助于实现农作物增收，进一步增加农民的经济收入。本节基于此背景，简要分析当前我国农作物种植结构，以及区域农业经济发展，并提出具体的发展策略。

农作物种植结构调整有助于实现农业增收，增加农民收入。当前我国经济发展迅速，农业商品化进程速度不断加快，也给农作物种植结构调整提出了多元化的要求。农作物种植结构调整，影响着我国农业与农业现代化的持续发展。所以我们必须充分重视农业种植结构的进一步整合与完善，正确认识当前农业种植结构中存在的问题与不足，结合区域农业经济发展情况进行有效完善，以促进我国农业水平不断提高。

一、当前我国农作物种植结构现状

相关调查显示，我国农作物的种植面积不断缩减，在信息发达时代，农民通过观看央视新闻联播，结合国家政策以及市场发展，进一步重视优化并调整农作物的种植结构，以及经济作物和食用粮食的种植比例，农作物的种植结构朝着高收益、优质型方向不断转化。当前我国农业经济建设水平不断提高，市场对于农产品的需求也更加多样化。

二、区域农业经济增长特点分析

（一）市场化程度逐渐深入

改革开放后，我国农业发展进入了新的局面。农业产值在国民经济发展与农业生产力水平提升的作用下，展现出强劲的发展势头。农产品销售渠道呈现多样化、多元化发展趋势。增强生产竞争能力，不断地提高市场竞争水平，探索企业与农户相结合的经营模式，进一步深入农业市场化进程，为农户和企业带来发展共赢，促使农业市场更加充满活力。

（二）农业产业结构持续优化

改革开放阶段，我国种植业资源投入量较大，但是附加产值低，难以有效提高农业经济。近几年，我国农业结构由第一产业转向为第二、第三产业，种植业的种植比例逐渐下降，进一步推动了农业经济的可持续增长，拓展了区域农业经济发展范围。

（三）农业科学创新与应用，促进经济增长

进一步推动科学技术创新，加快建设现代农业步伐，有助于巩固并发展农业经济。农业的经济发展也由物质投入和依靠资源投入转移到依靠科技发展上来，每年可以产生8000余项农业科技研究成果，但是科技研究成果并未有效应用于农业生产过程中，或者说是并未完全转化为第一生产力，所起到的经济拉动作用是有限的。

三、农业结构调整促进区域农业经济增长的策略

（一）改革农业经营体制

只有正确处理好农业产业化发展以及家庭联产承包制间的关系，才能够有效推动农业经营体制改革。以农村家庭承包经营为发展基础，加强统筹结合，分层管理，确保农村土地承包关系不变，创建多元化的土地流转机制，进行多规模的经营形式，切实开发家庭牧场或家庭农场、家庭林场。发展以农业产业为中心的第二、三产业，经营体制改革，

应当统筹管理，多元化进行。结合区域发展实际现状，以农业体制改革为发展契机，有效调整农业结构，在内部改变的同时适应外部结构的有效转化，促使种植业与林业、牧业和渔业全方位发展，实现第一、二、三产业的有效对接。

（二）优化农业产业结构

优化农业产业结构布局，应当结合市场的多元化发展需求，以农业经济发展为目标，加强第一、二、三产业的有效对接，并以此为核心开展相关工作。切实提高农产品的生产质量以及数量，综合衡量效益增长，优化农业产业结构，将农村大量剩余劳动力转移到相关产业中。结合区域的实际发展情况，因地制宜。农业产业结构优化是复杂系统的工程，必须制定长期的发展规划；农产品的数量控制，也应当根据区域农业经济收益进行科学合理的调配，有效配置劳动资源，限时做好产业布局，既要重视种植业的产量与质量，也要大力推动牧业和林业、渔业的发展，形成效益明显且科学合理的农业结构。

（三）加快农村基础设施建设与农业科技进步

政府应当进一步加强对农业科技创新的资金投入，通过财政支持或者是财政贴息政策、专项贷款等，促使农业科学技术有效应用于农业生产实践中。实施科技带动生产发展战略，切实将科学技术用于推动农业经济发展，提供农业生产过程中的科学技术所占比例，进一步加强农村基础设施建设，发展农产品市场；通过完善农业投资环境与生产条件，给农业中的分支产业提供坚实的保障。

综上所述，当前我国市场经济多元化发展，有效调整了农业结构。农业结构的优化与调整，也会对农村区域经济的增长产生一定的推动作用。在 21 世纪经济快速发展过程中，我们必须有效分析市场经济原理，结合农业结构实际情况进行综合分析，进一步凸显第一产业在国民经济中的重要地位，深入分析区域农业经济增长现状以及发展趋势。探究促进区域农业经济发展的相关战略，并将研究成果应用于农业生产实践中，才能为实现中华民族伟大复兴的中国梦贡献力量。

第三节　金融支持区域农业科技创新研究

中央和地方政府应积极鼓励金融机构大力支持农业科技创新，鼓励金融部门充分发挥其强大的融资功能，为农业科技创新提供资金保障。农业科技创新不但需要加大财政资金投入，更迫切需要金融的大力支持，发挥金融市场对农业科技创新的支撑作用，进而推动农业科技创新与金融的有效对接。结合笔者所在市的实际情况，研究金融支持农业科技创新具有的重要理论和现实意义。

近年来中央一号文件明确指出，实现农业持续稳定发展、长期确保农产品有效供给，根本出路在科技创新。但长期以来，随着国家推动资源要素向农业和农村配置，农业科技投入不足的问题日益显现。因此，需要发挥金融市场对农业科技创新的支撑作用，进而推动农业科技创新与金融的有效对接。

一、金融支持农业科技创新存在的问题

（一）农村金融服务发展水平较低，服务功能不到位

我国农村的主要金融机构，服务功能不到位，不能提供充足的资金支持。金融机构产品能够提供的金融产品又较少，其贷款主要是抵质押、担保和保证贷款等传统信贷品种；而且金融机构办理农业科技项目贷款的程序复杂、耗时较长。

（二）信贷支持农业科技的承载主体相对欠缺

当前基层农技站是农技推广的主体，广大农户是农技推广的载体。但基层农技站是公益性组织，不具备承贷资格。农户本身的松散性决定了其难以承载农业科技项目资金。从农业科技和农业产业化发展趋势来讲，农民专业合作组织应是信贷支持农业科技发展的主要载体，但由于很多农民专业合作组织缺乏资金合作机制，现行金融产品很难对其进行信贷支持，使农民专业合作社信贷受到制约。

（三）金融支持农业科技创新风险补偿机制不健全

农业科技创新往往以生物技术为主，周期长、保密性差、资金投入量大，需要经过长期、大范围的区试、中试以及推广应用阶段，因此，金融对农业科技创新的支持风险较高。而目前我国的农业保险品种单一，关于农业科技创新保险的品种更是少之又少。由于缺乏健全的风险补偿机制，银行对农业科技项目支持非常谨慎。

（四）农业科技、融资和农民逆向选择存在矛盾

由于科技有风险、融资有成本，在农业科技的推广过程中，有部分农民出现了相反的选择，他们对科技缺乏热情，对贷款缺乏热情，只要求得到财政拨来的资金，出现一种“逆向选择”的现象。

二、金融支持农业科技创新的对策与建议

（一）创新金融服务，增强支持农业科技创新功能

科技创新成果所有者把科技成果提供给农民使用，农民缺少资金时向金融机构申请

贷款，三者之间形成一种传递关系。从科技成果的提供者来说，所提供的成果必须是成熟的、经得起检验的。农民是科技成果的接受者，愿意付出一定代价，并在使用中获得实际收益。金融机构提供贷款，希望使用者按期还本付息。三者之间各自履行自己的承诺，并达到各自的利益目的。因此，三方提供的信息都要真实，彼此相互理解、相互包容，建立起金融、科技、农民之间的互信、互动、互容和互利机制。

（二）多措并举，完善农业科技创新的风险保障机制

一是创新农业科技保险产品，保险机构可以提供分散风险的产品；二是培育和完善信用担保体系，建立健全农业科技信贷担保行业风险控制和损失补偿机制，形成风险分担机制，增强风险防范能力；三是鼓励个人风险投资，建立和完善风险资本的撤出机制，加强信息披露、信用制度、风险监控及违规处罚等方面的制度建设；四是建立风险投资基金体系，分别对处于不同发展阶段的科技企业进行投资。

（三）发展农村专业合作组织和企业，培育农技承贷主体

专业合作组织和企业要加强自身建设，提高市场竞争力，完善其内部制度建设，规范各项管理制度及财务制度；着力提高农产品质量，夯实发展品牌农业的基础；积极培育品牌农业发展主体，加快农业产业化经营，提高农业科技水平。

第四节　区域农业经济的发展对中国经济贸易的作用分析

现阶段我国的社会经济已经呈现出一体化的发展趋势，在此发展背景下，我国的区域农业经济对我国整体性经济的影响也越来越大，笔者针对这一问题，对区域农业经济发展对我国经济贸易的作用进行了相应的分析，以下为详述。

一、对于区域农业经济的发展与中国经济贸易的关系分析

现阶段我国的经济发展仍处于较为重要的时期，同时也是区域农村经济调整和发展的重要时刻。伴随着我国农村经济发展体制的不断变更和改革，我国的农业经济发展也呈现出较为稳定的发展趋势，逐渐地向多元化的形式转变。有专家学者对区域农村经济的发展进行了分析，发现最近几年，我国区域农业经济的发展对于我国的整体经济贸易影响日趋明显，同时农业经济的发展也越发向复合型趋近。

但是在实际的区域农村经济发展过程中，仍旧存在不稳定和区域性的特性，严重制约了区域农村经济的发展。以西部地区农业经济发展为例进行分析，西部地区农村经济

发展仍处于较低的阶段，同时也存在资金投入不足等问题。此外，当地市场经济信息应用率较差给西部地区的发展带来了较大的阻碍。因此，每个区域的农村经济发展，一定要遵循自身的发展规律，结合实际的政策规章制度内容，使区域农村经济的发展更具协调性，同时也更能满足整体性农业经济发展的需求。

二、区域农业经济的发展对中国经济贸易的作用分析

（一）调整并优化经济贸易产业结构

在发展我国经济的同时，也要切实根据本国的生产条件，对区域农业经济的发展趋势予以探究，并明确区域农村经济对我国经济贸易的实际作用。

区域农村经济对我国经济贸易作用尤其大，因此，一定要对农村经济予以统筹，并力求提高区域内农民的经济收益，推动区域经济的实际发展，也有利于调整区域农村经济的发展，以及协调我国经济贸易发展的结构。首先就要促使区域农村经济的多元化发展，并对当地的农村经济发展结构予以优化，进而有利于对其他农业经济资源的整合，将全部有利资源融入实际的区域农村经济发展中，而后有效地提高农产品的产出能力。

区域农村经济的发展对于我国整体性经济贸易的发展具有重要影响，同时也对我国经济贸易产业结构予以优化和调整。现阶段我国的区域农村经济的产出能力仍显不足，但是整体性的农业经济发展仍较为稳定。当我国经济贸易的发展出现结构不稳定时，则可以充分地利用区域农村经济的发展优势，对整体性贸易经济的发展结构进行优化和整合，促使经济贸易的发展更为科学和高效。

（二）利于经济贸易趋向于信息化发展

可以创建信息监测系统以及信息速报系统，将较为高效、科学的区域农业经济发展模式传达给欠发达的农业发展地区，这样可以将一些较为先进的技术推广给有需要的区域，转变当地区域内人们的思维模式，逐渐实现自动化的发展模式，同时也逐步将我国整体性经济贸易的发展趋向予以转变，并对经济贸易的发展模式予以优化和调整，极大地促进我国经济贸易的发展。

随着社会的发展和时代变迁，我国的经济发展结构也在不断地发生着转变，而在此发展背景下，区域农业经济发展对于我国整体性的经济贸易的影响也越来越大，因此，要积极地对这一现象予以协调，利用区域农村经济发展中所体现的优势，加快我国经济贸易的发展速度，但是，首先还要明确二者之间的关系，并明确区域农业经济对于我国经济贸易的作用，而后再制订较为科学的、完善的解决方案，最大限度地促进我国整体性经济贸易的发展和进步，也逐渐达到优化区域农业经济发展结构的目的。

第五节　科学创新形势下区域农业经济发展方式的转变

本节通过分析科技对墨江县农业经济发展方式转变的影响及农业经济发展过程中存在的科技障碍，提出通过完善科技创新体制和科技创新平台，确定农业科技创新重点、培育科技创新人才、科技创新推广和成果转化体系等是实现农业经济发展方式转化的有效途径。

转变农业经济发展方式是指在农业经济发展过程中既要积极实现农业经济的“数量”增长，更要注重农业经济发展的“质量”提升和“结构”优化，并由以往的数量型扩张向质量型发展转变。转变农业经济发展方式要求将农业发展建立在依靠科技创新积极调整和优化农村产业结构、节约农业资源、保护生态环境、注重农业经济的质量效益的基础上。

一、转变农业经济发展方式的关键是科技创新

（一）农业产业结构优化需要科技创新

科技发展滞后导致墨江县农业产业结构不合理：农村中第一产业比重过大，二、三产业比重过小。在农作物的种植结构中优质产品的比重低，高效经济作物面积较小，农产品附加值低，市场竞争力不强。到 2010 年，种植业产值占农业总产值的 50.4%，相当于林业、牧业和渔业的总和，林业比重只有 3.8%。目前墨江县的农业科技进步贡献率为 38% 左右，比发达国家低 40%~45%，比全国低 10%，农业科技成果的转化率仅为 20%~30%。由于农业产业结构不合理，导致农业经济发展过程中出现了农产品增产、农民收入增长缓慢等问题。

（二）发挥农业生产规模经济效益需要科技创新

墨江县耕地、淡水等资源的人均占有量分别只有世界平均水平的 1/4、1/5，资源紧张是墨江县农业经济发展面临的突出问题。过剩的农业劳动力和分散、均田的小规模土地经营方式，导致农业生产效率低，难以形成规模效益，极易出现生产上的大幅波动。此外，科技水平低导致的农业综合生产能力低是影响墨江县农业经济发展方式转变的一大障碍。

（三）解决农业环境污染问题需要科技创新

由于科技水平落后，化肥农药的使用处于强污染、高成本、低产出的状况。2010 年

墨江县化肥施用量为 7177 吨，农药使用量为 150 吨，其中有 65% 流入水中，导致水资源大面积污染，造成水生物灭绝。农业排水已成为当今世界的三大污染源之一。在农业生产中大量施用的化肥、农药和除草剂等化学品及工业废弃品等对土壤的污染，致使农产品中有害有毒成分增加，不仅使农产品失去了原有的口感和味道，更造成了有毒物质进入人体而致病致癌，严重威胁了人类的健康。同时，农产品在经济贸易中遭遇“绿色壁垒”的严格限制，使农产品的市场竞争力大大降低。

（四）提高农业投入产出率需要科技创新

墨江县经济发展研究办公室的研究结果显示，墨江县农业科技水平主要表现为“三低”：一是单产增速低。近 10 年来我国粮食单产水平降低。2010 年，水稻、小麦、玉米三大作物平均单产分别为 317 公斤、303 公斤和 264 公斤，与 1996 年相比，分别增长了 5.21%、20.92% 和 2.90%，年均增长率仅为 0.51%、1.91% 和 0.28%。二是资源利用效率低。墨江县土地总面积 5312 平方千米，山区半山区占 99.8%，丘陵谷地仅占 0.1%，耕地面积 67.89 万亩，但由于农业生产科技水平低，同时也消耗 20.32% 的水资源和 30% 的化肥、农药。三是成果转化低。据统计，世界发达国家的农业科技成果转化率为 65%~85%，而墨江县仅为 20%~30%。墨江县农业增长科技贡献率仅为 38% 左右，与发达国家平均 70%、全国 48% 的科技贡献率差距很大。依靠科技创新提高墨江县农业的投入产出效率是农业经济发展方式转变的当务之急。

二、制约农业科技创新的障碍因素分析

墨江县农业经济发展的科技投资比例较低，农业科技创新不足成为制约农业经济发展方式转变的又一障碍。

（一）经费保障不力

墨江县农业科研经费偏低。农业科研单位的科研设施条件简陋，无论在试验条件、基础设施、科研力量方面，还是在承担课题和获得经费资助方面，都与发展现代农业对科技创新的要求相去甚远。

（二）科技创新推广体系不完善

科技创新成果转化和推广是支持现代农业发展的关键环节。但墨江县农业科研力量的 80% 集中在产中阶段，其中 45% 又集中在种植业领域。每年取得的省部级以上农业科技创新成果，真正投入生产使用的不超过 1/4。科技创新成果推广转化难的根本原因是科技创新水平低。另外，基层农业科技推广体系还不能完全适应市场经济的要求，科

技创新成果转化的风险防范机制不完善和科技创新成果转化的中介市场落后也是造成农业科技创新推广体系滞后的原因。

三、依靠科技创新促进农业经济发展方式转变的对策思路

（一）完善农业科技创新体制，整合科技创新资源

既要加大政府的支持力度，又要充分发挥市场机制的作用，形成政府主导的、多元化的新型农业科技创新体系。深化科技体制改革，建成高校、地方科研院所等有机结合的布局合理、联合协作的具有国际优势的新型农业科技创新体系。积极引进和消化吸收国内外先进农业技术与经验，提高农业科技创新系统的整体功能和效率，通过科技创新实实在在地提升农业的素质、效益和竞争力。

（二）加大对农业科技创新的政策支持力度

农业科技创新活动具有较强的风险性和探索性，其成果是典型的公共产品。政府应积极采取措施，为农业科技创新营造良好的政策法制环境，建立农业科技发展基金和完善农业保险机制，鼓励农业高新技术企业进入资本市场，有力地支持农业科技创新。

（三）加强对农业科技知识产权的保护

为了更好地加速科学技术，特别是高新技术全面向农业产业的渗透，实现墨江县农业生产力质的飞跃，营造良好的农业科技发展环境，要尽快完善农业知识产权制度，加强和制定农业科技知识产权保护策略，对有重大价值的农业科技成果实施知识产权保护。尤其是要加强墨江县自行研制的品种资源以及具有遗传基因研究价值的作物品种的知识产权保护工作，以促进高技术农业产业的健康发展。

（四）建立科技创新团队

在市场经济条件下，遵循市场规律积极吸引和留住科技创新人才，不断优化科技创新团队。首先，应正视农业科技的风险性、艰苦性特征，用一流的待遇吸引和留住流动人才；其次，运用现代管理理念和人才理念，在创新科研成果的评价、个人业绩的考核、生活待遇的提高等方面运用现代激励理论，不断提高优秀农业科技人才和创新团队的科技创新积极性。

（五）确定农业科技创新的关键点和推广体系

要瞄准全国、世界农业科技发展前沿，以生物技术和信息技术为重点，组织科技攻关和技术引进，积极推进农业科技自主创新，加强原始创新、集成创新和引进消化吸收再创新，实现农业科技的跨越式发展。加强农业科技推广体制创新，加速把农业科技成

果转化为现实生产力，实现农业经济发展方式的转变。首先，要建立新型多元化农技推广体系，强化农技推广服务的公益性职能，全面推进农业科技入户工程，扶植农业科技示范户，提高其辐射带动能力。其次，加强农业科技服务平台建设，打造科技交流合作平台，建立起企业和高校、科研机构之间联系沟通的桥梁与纽带。最后，要引导建立起完善的科技中介服务体系。通过建立生产力促进中心、高新技术创业服务中心、科技创业中心等，促进科技与经济的结合，为各类科技创新主体建立紧密联系，为科技创新活动提供重要的支撑性服务，加速科技成果产业化。

（六）加强技能培训，提高农民素质

转变农业经济发展方式必须着力提高农村劳动者素质。首先，要通过发展职业教育、成人教育和各种短期培训，提高农民的专业技能；其次，要组织科技人员深入农村传授科技知识，开展多种形式的文化教育和科技普及活动；最后，要加大对大专院校和中等职业学校农林专业学生的助学力度，鼓励他们毕业后到农村，为发展现代农业建功立业。依托重大农业科研项目、重点学科、科研基地，培育农业科技高层次人才，特别是领军人才。稳定和壮大农业科技人才队伍，加强农业技术推广普及，开展农民技术培训。

综上所述，在科学技术不断创新与发展的形势下，我们必须具备与时俱进的精神，积极转变思路，借助科学技术手段，推动本地区的农业发展。

第六节　创意农业旅游与区域农业经济可持续发展的探讨

农业旅游作为一种新型旅游发展模式近年来在国内外得到了迅速发展，而我国的农业旅游形式单一、模式老化，已不能满足市场需求及国际农业旅游的发展趋势。创意农业旅游的兴起和发展，体现了农业旅游产业结构的升级，促进了农村一、二、三产业的，进一步融合和发展，对带动新农村区域经济的可持续发展有着指导性意义。本节对创意农业的概念内涵进行研究，探讨创意农业旅游与区域农业经济的带动及其影响作用，指导发展农村经济的可持续发展。

从全球范围内的农业旅游经济发展状况来看，随着社会经济的发展，客观上要求农业旅游树立品牌、创新农业旅游形式、提升旅游品质，以及制定农业经济旅游的可持续发展规划。这些创新理念、措施和规划为我国农业旅游经济的可持续发展提供了必要的准备。

一、农业旅游经济

农业旅游经济是以乡村原始的生态环境为平台，以生态农业生产和乡村民俗文化和农民生活方式为旅游资源，运用可持续发展理论对农业资源的观光开发和布局进行营销设计，以保护自然生态为目的，集合了生态农业生产和农村旅游，展现了生态农业建设、农事劳作、体验农村风土人情，是使人获取农业知识和地域文化的一种新型生态旅游项目。

二、农业可持续发展

农业可持续发展是指通过体制变革和技术的运用，以有效利用资源和不破坏生态环境为前提，保证农业资源的永续利用及生态环境的不断改善，满足当代人及其后代对农产品需要的不断发展。农业可持续发展涵盖了农村、农民、农业以及生态环境领域，强调人类社会的可持续性、农业生产的可持续性以及生态环境的可持续性，要求达到经济、社会和生态环境的良性循环。

三、创意农业旅游

（一）创意农业旅游概念的提出

创意农业旅游是适应社会发展和可持续发展要求，克服目前传统农业旅游的不足，找出一条“创意 + 农业 + 旅游”的农业旅游之路形式。笔者认为，创意农业旅游是一种以农业创意环境为背景、以创意农业和乡村文化为资源基础，通过运用创意学、旅游学、美学、经济学原理和可持续发展理论对农业资源、乡村文化整合，将创意元素作为农业旅游的核心，以创意农业生产和创意旅游为主要功能，集创意农业建设、科学管理、创意旅游商品生产与游人参与创意农业、参与农事劳作、体验乡村情趣、获取农业知识为一体的新型创意旅游活动。

（二）创意农业旅游的内涵

由创意农业旅游的概念可以看出，创意农业旅游的内涵包括三方面的内容：一是到农业创意环境中进行旅游；二是旅游活动的开展以创意元素为核心；三是促进农业、农业旅游、创意农业可持续发展。

创意农业旅游实际上包含了上述创意旅游、创意农业和农业旅游的主要内容，可以说是从农业旅游的角度对三者的优化组合。从创意旅游的角度来看，它强调在旅游者参与互动、以创意元素为基础的前提下，开展旅游活动。从创意农业的角度来看，它把旅游产品贯穿于具有高技术含量、高创新效益、高价值含量的“三高”创意农业生产中。从农业旅游的角度来讲，它将现代科技成果与传统农业精华相结合，在充分利用现代农业资源的基础上，通过规划、设计、施工，把农田建设、农艺管理、产品生产、原料加工和游客参与融为一体。它把创意农业观光、农事劳作、农业研修、乡村度假、农家旅游、乡村民俗风情旅游、手工艺品制作和购物等旅游活动建立在创意农业的基础上，是创意农业生产、创意旅游活动、创意环境三者合为一体进行开发的一种“创意型”旅游方式。

作为农业旅游的一种形式，创意农业旅游与传统农业旅游的不同之处就在于它建立的资源基础已由一般农业转变为创意农业，它以创意学、旅游学、农业景观学、美学、经济学和可持续发展理论来指导具有旅游价值的创意农业资源和创意农业产品的开发和布局。

四、创意农业旅游与区域农业经济的关系——以海南为例

海南省自 1988 年建省以来，一直把旅游业作为主导产业重点开发，以此带动省内经济发展。1988—2009 年海南省旅游产业总收入连年均以两位数字递增 (其中 2008—2003 年为 17.03%，2003—2009 年为 13.41%)，远高于国民经济发展速度。农业旅游以形式多样、功能齐全、服务范围广泛不断地将农业与旅游联系起来。特别是 2009 年 12 月 31 日《国务院关于推进海南国际旅游岛建设发展的若干意见》的出台，进一步推动海南省农业与旅游业相结合，促进农业旅游资源的形成，各种创意农业旅游应运而生。目前，海南农业旅游的主要形式有农家乐、休闲农业、现代农业展示示范园等几种模式。

创意农业旅游形式即农民利用自家院落所依傍的田园风光、自然景点，以低廉的价格、创意的构思活动、新颖的主题，吸引市民前来吃、住、玩、游、购、娱的旅游区形式，或者通过农业高新技术在示范区的展示与示范，游客观摩、农民学习模仿，使农业技术推广由行政命令型转变为示范带动型，为农业科技成果辐射推广做贡献。海南省休闲农业示范点 2011 年就有 33 家，其中著名的有海口绿枫农庄、文昌龙泉乡园、香世界庄园等，这些示范点每年接待客流量达上万人次，使当地农村人均收入增加了 1000 多元。创意农业旅游对区域农业经济的可持续性发展作用有以下几个共同点。

首先，为实现农民就地转移就业，参与现代产业分工和分享现代产业利益找到了有效途径。据海南省旅游局统计，2008 年年底海南有农家乐近 50 个，年接待游客量达到 70 多万人次。实现收入 1500 多万元。在农家乐工作的农民每年净收入在 1.0 万 ~1.5 万元之间。

其次，提升产业层次。创意农业旅游是将农业与旅游结合在一起，实现了第一产业

与第三产业的相互促进发展。在创意农业旅游中，既要做到发展生产，又要保护好生态环境，实现农业由单纯提供农产品向提供生态产品、文化产品、休闲产品的转化升级，从而带动农产品加工业农村商贸旅游业等二、三产业的融合发展。

最后，实现协调发展。创意农业旅游作为一种沟通城市与农村、市民与农民、农业与旅游业的复合型新兴产业，它的发展顺应了城乡社会融合的要求，促进了城乡互动、市民与农民的交流。

五、创意农业旅游如何可持续发展

创意农业旅游带动着区域农业经济的发展，是区域农业经济可持续发展的重要组成部分，农业旅游如果缺少统一规划，过度开发造成资源枯竭、环境污染等严重问题的出现，必将导致当地农业经济陷入困境，因此，如何使创意农业旅游得以循环发展至关重要。

（一）利用市场机制，优化政府宏观调控

政府是循环经济的责任主体。要改变农业旅游园区职能不清、角色不明的现状，必须从转变政府职能入手，加强政府各职能部门的合作，优化政府主导作用的宏观调控机制。依托市场，通过制定规划、政策引导、依法管理、经济激励、科技发展和教育宣传等手段多层次全方位推进，保障旅游景区可持续发展。

（二）加强法制建设，完善环保法律体系

加强法制建设，促进旅游资源开发有序进行是发展农业旅游循环经济的重要前提。目前我国已经制定了一些规范农业园区与旅游景区开发和建设的政策法规，颁布了《全国农业（工业）旅游示范点标准（试行）》《中华人民共和国环境影响评价法》《旅游区（点）质量等级的划分与评定》等。

（三）依托高新技术，大力推进环保技术在农业旅游中的应用，保持“农游合一”特色

从农业旅游项目的规划开始就要重视循环经济理论及其配套技术的应用；在产业开发的过程中注重修复技术，及时对农业旅游开发活动造成的环境破坏进行修复。因此，要加强环保技术的研究和开发，变先污染后治理为“源头削减和事后修复并重”的模式，建立环境保护协调机构，优化环保旅游产品结构和产业组织结构，加快农业环保技术和产品的推广应用，推进农业旅游环保产业体系的建设，最终达到农业旅游的全面可持续发展。

（四）开展环境教育，倡导绿色消费方式

遵循循环经济理念不应仅是专家、学者或政府的事情，它必须落实到企业、单位和

个人，只有全社会真正理解了循环经济的内涵并将它贯穿到生产和生活当中，循环经济才能得以实现。旅游企业应加强员工教育，通过培训，使员工具有环境意识，能够识别绿色材料和绿色产品，尽量少采购一次性产品，通过对垃圾的分类，使之资源化，实现垃圾的新利用。

第七节 区域农业经济管理的实施探析

农业经济管理是现代化农业生产中的重要环节，通过农业经济管理工作的开展能够使现代化农业发展和生产工作高质量地开展，保证工作效率和质量。对于农业经济管理工作而言，应从农业经济发展的实际出发，在自身建设上不断加强管理水平与质量，在服务对象上以农民切身利益为出发点，从而促进现代化农业发展。

一、农业经济管理促进农业发展的意义

农业经济管理是对农业生产过程中生产、交换、分配和消费等经济活动进行计划、组织、控制、协调，并对相关人员进行激励，以实现一定的经济目标。农业经济管理是我国农业农村工作的重点，是我国农业经济发展的主要内容，它能够根据市场需求对农业进行宏观调控，将劳动力、土地、资金及政策倾向进行更加科学合理的调度，并根据全球农业经济发展的状况，更加妥善地处理好我国农业经济所面临的挑战，获得最优的经济效益和社会利益。从农业经济管理促进农业发展的意义上看：一是农业经济管理促进农业发展是实现农业现代化的基础，加快推进农业现代化的进程，对于我国的现代化建设事业有重要意义。建设现代化农业是提高农业整体竞争水平、增加农民收入的基本保障。通过农业经济管理部门和工作人员的高质量工作，能够促进农业现代化的水平提高，劳动生产率和土地产出率以及资源利用率才会提高，农产品的国际竞争力和市场竞争力才会增强，国家的粮食安全和农民的持续增收才能得到保障。二是农业经济管理促进农业发展是城乡经济一体化建设的需要，现阶段由于我国城乡差距明显，所以，在今后一段时期内，实现城乡共同繁荣、共同富裕是共同发展、共同富裕的重要内容。要实现工农业和城乡的协调发展，就必须使它们之间的生产要素自由流动并优化组合，而这是以城乡经济一体化作为前提条件的，在这个过程中需要相关行政部门进行宏观协调、管理、服务，农业经济管理部门能够较好地承担起此项工作，促进城乡经济一体化目标的实现。

二、区域农业经济管理的实施

区域农业经济管理在具体实施上，应从调查研究、强化自身能力建设、服务农业生产户等方面提升农业经济管理的服务水平与质量，促进现代化农业高质量发展。在区域农业经济管理实施的具体内容上，应做到以下几点：一是要从区域自然资源禀赋、农业发展特点、农业产业发展等实际情况出发，进行具有区域特色的管理与服务。农业经济管理的根本是要服务于区域农业发展的实际，在区域农业发展的管理与服务工作中应加强调查研究，对于区域自然资源禀赋、当前区域农业经济发展的现状、区域农业发展存在的问题及区域农业发展的难点进行充分的调研，在调查研究的基础上，制定相应的发展规划、发展指导意见、具体管理与服务措施。因此，掌握区域农业发展的基本情况是农业经济管理实施的前提和基础。二是强化农业管理自身的管理水平和质量，提升促进农业发展的能力。农业发展需要进行宏观管理与具体实施管理，无论是宏观工作的开展还是具体工作的实施都应有较高水平的管理与服务队伍作为保障。因此，在区域农业经济管理工作开展中，要想提升区域农业经济管理水平与服务质量应提升自身的素质和能力，通过强化自身内部控制管理与外部服务能力提升水平。三是农业经济管理的根本是从农业生产户的实际出发，实现农业发展、农民增收的目标。农业经济管理工作的根本是服务农业生产户，提高农业生产户的生产意愿，增加农业生产户的收入，从根本做起实现现代化农业的高质量发展。因此，在区域农业管理工作实施过程中，应从农业生产户的实际出发，更多地服务于农业生产户，进而提升农业发展的整体水平。

三、提升区域农业经济管理的建议

现代化农业发展是建设新时代具有中国特色社会主义农业发展的重要内容，也是全面建成小康社会、实现中华民族伟大复兴的重要任务，更是国家粮食安全的重要保障。在农业发展过程中，应重视农业经济管理部门的工作实效。一是要重视理论与实践相结合，在农业发展过程中，农业经济管理部门应重视不断深入研究农业发展理论、区域农业发展理论，同时对于农业经济管理的经验进行总结和借鉴，在此基础上提升农业经济管理部门的管理与服务水平。二是转变观念，由管理向服务转变，提升农业经济管理的水平和质量，从服务现代化农业发展的思维和视角进行农业管理工作，通过市场经济的供给侧与需求侧的选择进行有效的农业经济服务。三是培养和培训农业管理专业型人才。农业管理工作内容众多，不单是简单的农业经济管理，也包括农业科技、农业推广以及具体部门和分支的管理工作，因此，在实施区域农业经济管理工作中，应细化专业分类，培养具有专业特长的服务人才，进而提升区域农业经济管理水平和质量。

参考文献

[1] 刘俊华 . 经济转型过程中对外贸易与经济发展的探讨 [J]. 江西广播电视大学学报，2018，20（2）：68-73.

[2] 周子健 . 浅谈新常态经济下我国本土企业如何发展对外贸易 [J]. 纳税，2018（16）：193.

[3] 吴莉 . 浅析对外贸易对中国经济的影响 [J]. 纳税，2018（15）：194.

[4] 李月娥 . 对外贸易与经济增长的关联性分析 [J]. 济南职业学院学报，2018（1）：114-116.

[5] 于彤彤 . 对外贸易对中国经济增长的长期影响分析 [J]. 经济论坛，2011（1）：62-66.

[6] 王光净，杨继君，李庆飞 . 区域经济可持续发展的系统动力学模型及其应用 [J]. 改革与战略，2009，25（1）.

[7] 刘莉 . 国际贸易和区域经济发展分析 [J]. 中国市场，2013，29：99-100.

[8] 王子璇 . 基于国际贸易的技术溢出效应对中国区域经济增长的效应研究 [J]. 中国电子商务，2013，21：186-186.

[9] 刘渝琳，冯其云 . 外资企业对外贸易与经济增长关系的区域差异分析：基于我国东部和西部地区面板数据的检验 [J]. 国际贸易问题，2007，291（3）：59-66.

[10] 景永静 . 基础设施在区域经济差异中的作用探析 [J]. 河南财政税务高等专科学校学报，2009，23（3）：52-55.

[11] 高国力 . 区域经济不平衡发展论 [M]. 北京：经济科学出版社，2008：3-29.

[12] 花俊，顾朝林 . 我国区域发展差异的贸易经济研究 [J]. 地理研究，2011，（2）：322-329.

[13] 何莉 . 对外贸易与中国地区经济的差距 [J]. 财经科学，2010，（7）：104-111.

[14] 兰宜生 . 对外开放度与地区经济增长的实证分析 [J]. 统计研究，2012，（2）：19-22.

[15] 罗艳 . 中国对外贸易的经济增长效应及其作用机制的区域差异性研究 [D]. 重庆：

重庆大学，2012：7-12.

[16] 李国柱，马树才 . 区域贸易差异与区域不平衡发展研究 [J]. 商业研究，2010,（8）：24-26.

[17] 付云鹏，马树才，丁义文，等 . 东北亚区域经济合作对中国产业结构的影响研究 [J]. 科技通报，2017，33（9）：265-268.

[18] 叶传旭，刘晓东 . 金融支持吉林省地方经济发展的对策研究 [[J]. 现代交际，2018（7）：78-80.

[19] 张小倩，陈国庆，王辉艳 . 区域对外贸易可持续发展效率研究：基于吉林省的实证研究 [J]. 黑龙江工业学院学报（综合版），2017，17（9）：70-78.

[20] 张丽娜，王桂霞 . 吉林省金融服务业发展与全国比较 [J]. 经济纵横，2014（12）：85-88.

[21] 赵蓓文，陈煜明 . 中国对外投资新战略与开放经济发展新格局 [J]. 金融市场研究，2015（6）：73-83.